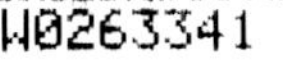

W0263341

Methoden der Programmerstellung für Tisch- und Taschenrechner

Grundlagen, Anwendungen, Grenzen

Helmut Schauer
Georg Barta

Springer-Verlag Wien GmbH

Dipl.-Ing. Dr. Helmut Schauer
Institut für Informationssysteme
Technische Universität Wien

Dipl.-Ing. Georg Barta
Schule für Datenverarbeitung
Siemens Data Gesellschaft m.b.H., Wien

IBM-Composersatz: Springer-Verlag Wien;
Umbruch und Offsetdruck: Ferdinand Berger & Söhne OHG,
A-3580 Horn, NÖ.

Mit 134 Abbildungen

CIP-Kurztitelaufnahme der Deutschen Bibliothek

Schauer, Helmut:
Methoden der Programmerstellung für Tisch- und
Taschenrechner: Grundlagen, Anwendungen, Grenzen /
Helmut Schauer; Georg Barta.
Wien, New York: Springer, 1979.
   ISBN 978-3-211-81476-5   ISBN 978-3-7091-8513-1 (eBook)
   DOI 10.1007/978-3-7091-8513-1

NE: Barta, Georg:

ISBN 978-3-211-81476-5

Wer soll dieses Buch lesen ?
(Vorwort)

Dieses Buch ist gedacht für alle diejenigen, die einen *programmierbaren* Tisch- oder Taschenrechner besitzen (vielleicht auch geschenkt bekommen haben), die aber *keine ausgebildeten Programmierer* sind und es auch nicht werden wollen, aber dennoch die beachtlichen Fähigkeiten ihres Rechners ausnützen möchten, um ihre Probleme – seien es nun mathematische, kaufmännische, technische oder andere – zu lösen, und dazu Grundkenntnisse über die Logik der Programmierung und die Erstellung von Programmen benötigen. Die Art des Kleinrechners ist dabei von untergeordneter Bedeutung: Ob es sich um Rechner mit oder ohne Druckwerk, Magnetstreifenspeicherung oder austauschbaren Speicher-Chips handelt, beeinflußt die allgemeinen Richtlinien nur wenig. (Und wo das der Fall ist, haben wir natürlich darauf hingewiesen.)

Vom Leser dieses Buches setzen wir voraus, daß er die *Bedienungsanleitung seines Rechners gelesen* hat und mit der „mechanischen Bedienung" seines Gerätes vertraut ist. Er sollte ferner *den Rechner* während der Lektüre stets *griffbereit haben* und alle Beispiele nachvollziehen. Sonst wird nichts vorausgesetzt, was über die Schulmathematik hinausginge. Ausgenommen sind die Beispiele in den Kapiteln 8, 9 und 11, die fachspezifische Aufgaben lösen.

Die Entwicklung der elektronischen Rechenmaschinen, die gegen Ende des Zweiten Weltkrieges begann, verläuft nach wie vor äußerst stürmisch. Leistungen, wie sie heute programmierbare Rechner mit Leichtfertigkeit vollbringen, wären vor einem Vierteljahrhundert bestenfalls von einer Maschine in der Größe eines Zimmers zu erwarten gewesen. Entsprechend beträgt die Leistung heutiger Großcomputer ein Vielfaches derjenigen von damals.

Zwischen diesen Großrechnern und den vergleichsweise winzigen Tisch- und Taschenrechnern gibt es heute eine Vielfalt von Rechnern mittlerer Größe, die als „Minicomputer" oder „Rechner der mittleren Datenverarbeitung" bezeichnet werden und zu deren Aufgaben unter anderem die Steuerung von industriellen Prozessen, die Textverarbeitung und die Bewältigung kaufmännischer Probleme in kleineren Firmen zählen.

Die Entwicklung der Programmiermethodik hat mit der Entwicklung der Elektronik nicht Schritt halten können. Bei der Programmierung der Klein- und Kleinstrechner werden heute oftmals dieselben veralteten Methoden und Werkzeuge gebraucht, die man vor 20 Jahren bei Großrechnern eingesetzt hat, wodurch Programme entstehen, die unlesbar, unverständlich, un-änderbar und oftmals auch falsch sind. Während bei der Programmierung von Großrechnern heute Ansätze zur Überwindung dieser „Softwarekrise" vorhanden sind, läuft die Programmierung von Kleinrechnern offenbar mitten in diese hinein. Wir haben daher in diesem Buch versucht, die Methoden und Werkzeuge der „Software-Technologie" soweit wie möglich für Kleinstrechner zu übernehmen bzw. anzupassen*, ohne den Leser mit der dahintersteckenden Theorie zu belasten. Der Leser sollte dadurch imstande sein, Programme zu entwickeln,

– die er selbst nach einem Jahr noch versteht
– die andere verstehen können
– die in ihrem Funktionsumfang änderbar sind und
– die richtig sind.

Der letzte Punkt bedeutet, daß nicht nur für manche, sondern für *alle* denkbaren Eingabewerte entweder das richtige Ergebnis berechnet oder die Eingabe zurückgewiesen wird.

Zum Abschluß noch einige Bemerkungen:

Der Aufbau der Hardware (Kapitel 1) wird an Hand der Struktur der Hewlett-Packard-Rechner beschrieben, weil diese besser mit den Methoden der Software-Technologie in Übereinstimmung zu bringen sind als andere Produkte. Bei allen Beispielen findet sich jedoch eine Programmliste von einem HP-19 (Hewlett-Packard) und einem TI-57 (Texas Instruments), die als

---

* Für Fachleute einige Schlagworte: Strukturierte Programmierung, Struktogramme, stepwise refinement.

Vertreter der bedeutendsten unterschiedlichen „Hardware-Philosophien" aufgefaßt werden können. Mit Hilfe der umfangreichen Erklärungen ist der Leser aber jederzeit in der Lage, die Programme so zu verändern, daß sie seinem speziellen Rechner gerecht werden — die Unterschiede betreffen nämlich nur Details.

Aus Gründen der Lesbarkeit wurden stets *nicht optimierte* Programme vorgestellt. Wir zweifeln nicht im geringsten daran, daß der Leser in der Lage ist, Programme zu erstellen, die entweder dasselbe leisten, aber weniger Speicherplätze bzw. kürzere Zeit beim Ablauf benötigen oder aber mehr leisten bzw. komfortabler sind. Im Gegenteil, das beweist nur, daß der Leser die Beispiele *und die Methodik,* die wir zugrunde gelegt haben, verstanden hat und anwenden kann ! Doch sollte man vor der Anwendung von Tricks zur Optimierung zweierlei bedenken: Erstens, die Auswirkungen auf Lesbarkeit, Verständlichkeit und Änderbarkeit. Zweitens, daß man ein Programm immer erst dann verbessern soll, wenn es bereits richtig läuft.

Unser Dank gebührt den Wiener Niederlassungen von Texas Instruments und Hewlett-Packard für die leihweise Überlassung der Rechner, Herrn Wolfgang Küller für das Codieren zahlreicher Programme, Fräulein Eva Lachkovics für das Erstellen und Beschriften der Zeichnungen und Fräulein Claudia Hainschink für das Schreiben des Manuskripts.

Schließlich wollen wir uns noch bei allen jenen griesgrämigen Lesern entschuldigen, die daran Anstoß nehmen, daß dieses Buch aus dem gewohnten sachlich trockenen Rahmen ausbricht. Wir wünschen auch ihnen beim Lesen mindestens ebensoviel Spaß, wie uns das Schreiben gemacht hat !

Wien, im Januar 1979   Helmut Schauer
                                                       Georg Barta

Inhaltsverzeichnis

1. Wie funktioniert der Rechner ?
(Aufbau der Hardware)

Was geht mich die Elektronik an, werden Sie möglicherweise denken. Warum soll ich mich mit Details herumärgern – schließlich benütze ich auch täglich das Telefon, ohne bis ins letzte zu wissen, wie es funktioniert ?

Sie haben fast recht. Natürlich wäre es am schönsten, wir könnten dieses Kapitel überhaupt weglassen oder Ihnen zumindest empfehlen, es zu übergehen. Leider können wir das nicht; ein Rechner, noch dazu ein programmierbarer, erfordert doch ein wesentlich höheres Engagement von seinem Benutzer – er dankt es ihm aber durch größere Vielseitigkeit und, bei Berücksichtigung seiner Kleinheit, verblüffende Leistungen. Deshalb bitten wir Sie, auch wenn Sie gegen „alles Technische" eine unüberwindliche Abneigung haben sollten, dieses Kapitel ebenso sorgfältig wie alle anderen durchzugehen. Das Verständnis, das Sie dabei gewinnen, wird Ihnen die Programmierung um vieles erleichtern. Und wir versprechen feierlich, daß wir uns auf das Allernötigste beschränken.

Es gibt aber auch andere Leute. Solche, die gerne alles ganz genau wissen wollen, die jedem bit und jeder Schaltung nachspüren möchten. Wenn Sie zu diesen gehören, werden Sie vom Inhalt dieses Kapitels enttäuscht sein. Das Buch wendet sich ja schließlich an *Benutzer*, nicht an *Konstrukteure* von Rechnern. An Praktiker der verschiedensten Berufe und mit der unterschiedlichsten Ausbildung. Und die wollen mit Recht mit nichts Überflüssigem belastet werden. Daher nochmals: nur das Allernötigste. Schließlich gibt es über die Elektronik von Rechnern bereits eine umfangreiche Literatur.

Da es um das *Programmieren* Ihres Rechners geht, wollen wir uns zunächst einmal fragen, was das ist, ein „Programm":

1 Schauer/Barta, Methoden der Programmierung

Ein Programm ist eine Rechenvorschrift (ein *„Algorithmus"*)
einschließlich der dazugehörigen Daten.

Das soll gleich durch ein Beispiel erläutert werden: Stellen Sie sich
einen mittelalterlichen „Rechenknecht" vor, einen Mann, der vor
einem großen, in einzelne Felder geteilten Blatt Papier sitzt und
einzelne Rechenoperationen Punkt für Punkt nach einer Anwei-
sung durchführt. Die *„Hardware"* (Geräte) besteht dann aus dem
Bleistift und dem Papier, die *„Software"* (das Programm) aus der
Gebrauchsanweisung. Und Schritt für Schritt rechnet der Rechenknecht laut Vorschrift und vollbringt dabei möglicherweise viel
kompliziertere Berechnungen — etwa eine Division zweier mehr-
stelliger Zahlen —, als er jemals verstehen oder selbst nachvollziehen
könnte; für die erwähnte Division etwa würde es genügen, wenn er
addieren und subtrahieren könnte.

Ein Computer macht es nicht anders. Ohne sich die gering-
sten „Gedanken" über den Sinn der Rechenvorschrift, also des
Programmes zu machen, führt er stur Schritt für Schritt — in der
Fachsprache: Befehl für Befehl — durch. *Und er tut nichts anderes.*
Was man ihm nicht ausdrücklich befiehlt, das tut er nicht. Dem
Rechner ist nichts selbstverständlich — woher sollte er auch wissen,
was Sie wollen, wenn Sie es ihm nicht durch Befehle mitteilen?

Nehmen wir einmal an, wir wollen die Rechnung

$$3 * 4 + 5 = ?[1]$$

durchführen. (Natürlich brauchen wir dazu eigentlich keinen
Rechner, aber wir wollen ruhig klein anfangen, es kommt schon
noch dicker!) Der Rechenknecht würde sich die drei Zahlen 3, 4
und 5, die er dazu braucht, in drei Felder seines Formulares ein-
tragen. Der Rechner hat kein in Felder eingeteiltes Papier, statt
dessen hat er einen in *Zellen* (oder *Speicherplätze*) eingeteilten
Speicher. Die Speicherplätze können numeriert oder sonst irgend-
wie gekennzeichnet sein. Nehmen wir einmal an, wir hätten unsere

---

[1] Der Stern * bedeutet in der Datenverarbeitung die Multiplikation, da der
Punkt . statt des Kommas als Dezimalpunkt verwendet wird.

drei Zahlen in den Speicherplätzen mit den Namen x, y und z gespeichert, um anschließend die Rechenoperation durchzuführen:

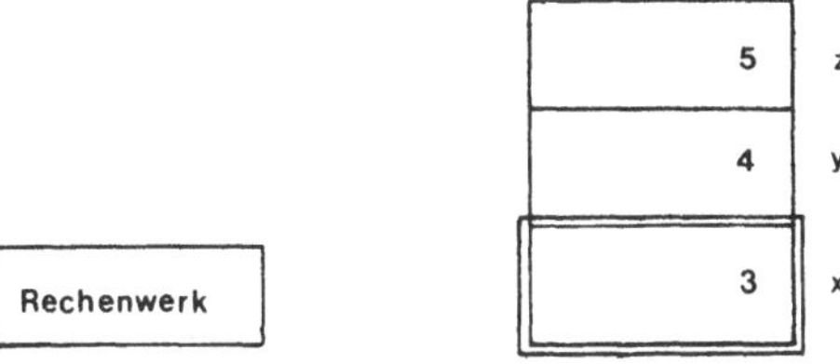

Abb. 1.1

Der mit x bezeichnete Speicherplatz (auch x-*Register* genannt)   Register
nimmt dabei eine Sonderstellung ein: Man kann sich vorstellen, daß man in ihn, wie durch ein Fenster, „hineinsehen" kann, das heißt, der Inhalt des x-Registers wird Ihnen im Anzeigefeld des Rechners als Zahlenwert dargeboten. Der Fachausdruck dafür lautet „*Display*".

In Abb. 1.1 finden Sie ferner noch ein *Rechenwerk*. Es besteht aus elektronischen Bauteilen und Schaltungen, die in der Lage sind, einfache Rechnungen (entsprechend den Addier- und Subtrahierkenntnissen des Rechenknechtes) durchzuführen. Wie sieht nun die Rechenvorschrift, das Programm, für unser Problem aus ?

1) Bringe den Inhalt von x ins Rechenwerk
2) Bringe den Inhalt von y ins Rechenwerk
3) Multipliziere
4) Bringe das Ergebnis nach x
5) Bringe den Inhalt von x ins Rechenwerk
6) Bringe den Inhalt von z ins Rechenwerk
7) Addiere
8) Bringe das Ergebnis nach x.

Programm 1.1

Danach muß das Ergebnis im Display zu sehen sein. Die Schritte 4) und 5) könnten natürlich auch weggelassen werden, ohne das Ergebnis zu beeinflussen, sie sind nicht falsch, aber überflüssig („*redundant*").

Dieses Programm würde bei einem einfachen Rechner mit 3 Registern zum Ziel führen. Die handelsüblichen Taschenrechner

1*

sind aber nicht ganz so einfach aufgebaut; dafür handelt man sich aber den Vorteil ein, daß die Programme einfacher werden. Stellen Sie sich vor, daß die 3 Register x, y und z wie eine *Warteschlange* (Fachausdruck: *„Queue"*) vor einer Telefonzelle organisiert sind: Sobald der Inhalt von x ins Rechenwerk geholt wird, rückt der Inhalt von y nach x, also auf den ersten Warteplatz, und der Inhalt von z nach y, also auf den zweiten Platz vor. (Der dritte Platz z kann zunächst als leerwerdend gedacht werden.) Dadurch vereinfacht sich unser Programm folgendermaßen:

1) Bringe den Inhalt von x ins Rechenwerk
2) Bringe den Inhalt von x ins Rechenwerk
3) Multipliziere
4) Bringe den Inhalt von x ins Rechenwerk
5) Addiere
6) Bringe das Ergebnis nach x.

Programm 1.2

Der Verkehr zwischen Rechenwerk und Registern beschränkt sich nun auf den Austausch zwischen Register x und dem Rechenwerk.

In Wirklichkeit ist es noch ein bißchen schlauer: Immer wenn das Rechenwerk einen Befehl (etwa „Multipliziere" erhält, holt es sich von der Spitze der Queue soviele Zahlen, wie es für die Ausführung des Rechenvorganges benötigt: für eine Multiplikation zwei, für eine *„Operation"* (wie die Rechenvorgänge genannt werden) der Art „Ändere Vorzeichen" etwa, nur eine Zahl. Und unmittelbar nach Abholen einer Zahl (eines *„Operanden"*) rücken die Inhalte aller anderen Register um eine Zelle vor. Und jetzt kommt der eigentliche Trick: Sobald das Rechenwerk die Operation durchgeführt hat, füllt es das Ergebnis wieder in das x-Register *und alle Registerinhalte, vom bisherigen Inhalt des x-Registers bis zum vorletzten* (in unserem Beispiel dem y-Register) *werden dabei um eine Position nach hinten gedrängt.* In x steht also jetzt das Rechenergebnis, in y das, was noch gerade in x gestanden ist, und in z der bisherige Inhalt von y. Und was passiert mit dem Inhalt von z, dem letzten Register ? Der geht einfach verloren. Wenn Sie aber bedenken, daß beim „Vorrücken" der Registerinhalte, das z-Register „frei" wurde (Genaueres darüber etwas später), so spielt das eigentlich keine Rolle.

Die einzelnen Vorgänge lassen sich also etwa wie folgt darstellen:

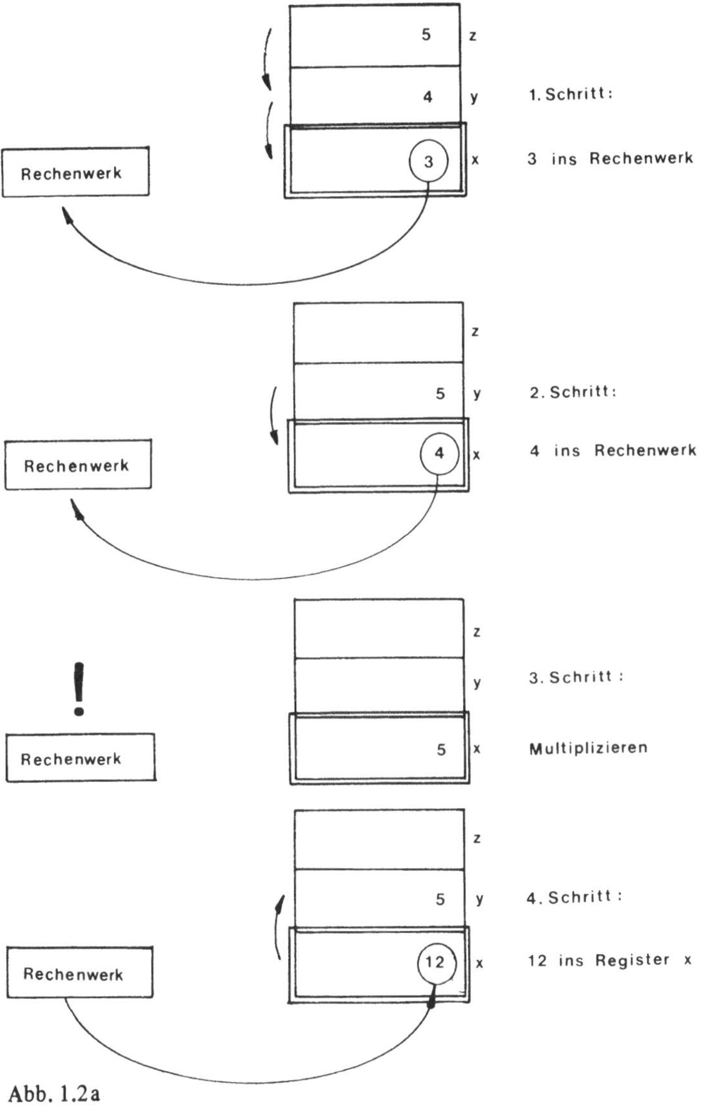

Abb. 1.2a

Schritt 1 bis 4 erfolgen automatisch durch den Befehl „Multipliziere"!

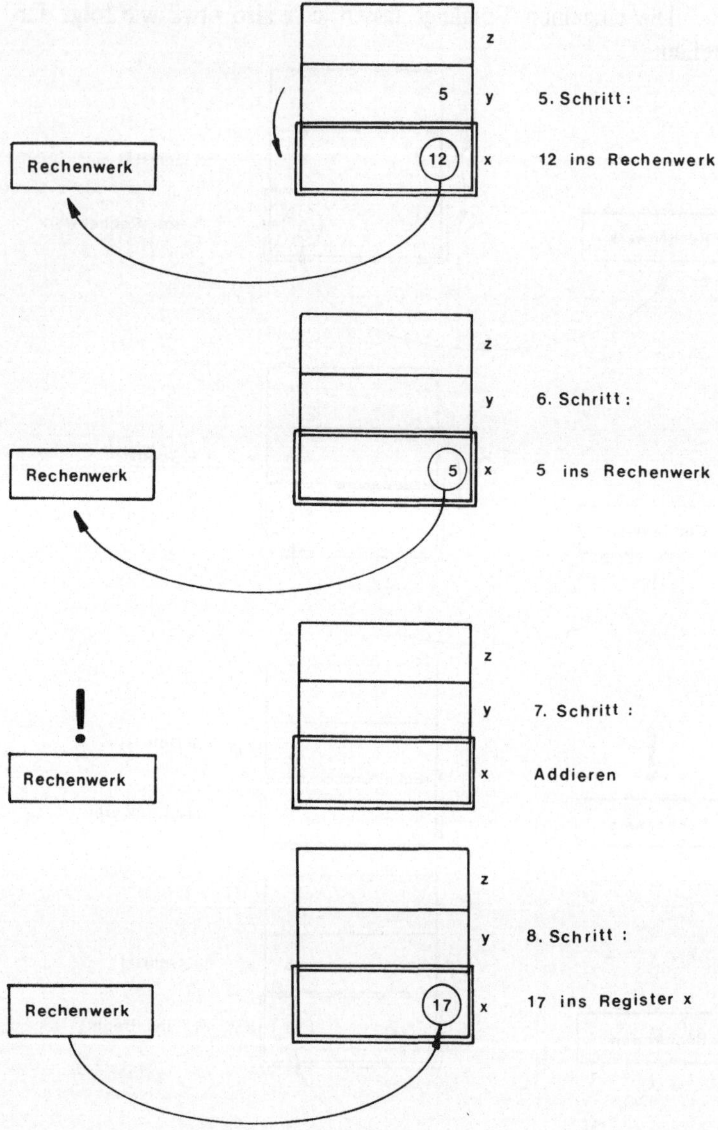

Abb. 1.2b

Schritt 5 bis 8 erfolgen automatisch durch den Befehl „Addiere" !

Vor einer Telefonzelle angestellte Leute würden wahrscheinlich etwas dagegen haben, würden diejenigen, die gerade telefoniert haben, sich ganz vorne wieder anstellen und dadurch alle anderen um je einen Platz nach hinten verweisen, aber im Rechner funktioniert es genau so. Eine derartige Organisation nennt man korrekterweise nicht mehr Warteschlange, sondern *„Stapel"* (engl.: *„Stack"*).

Unter Berücksichtigung des eben Gesagten vereinfacht sich unser Programm ganz wesentlich:

1) Multipliziere
2) Addiere

Programm 1.3

Dadurch laufen die Schritte 1 bis 8 automatisch ab und am Ende befindet sich das Ergebnis im Register x und kann dort im Display abgelesen werden.

Praktisch, nicht ? Der Rechner vollführt also ziemlich komplizierte Abläufe, damit das Programm einfach gehalten werden kann.

Eines haben wir bisher aber außer acht gelassen: wie kommen die Zahlenwerte 3, 4, 5 in die Register x, y und z ? Und sollte unser Programm nicht so gestaltet sein, daß es die Rechnung

$$a * b + c =$$

mit beliebigen Zahlen a, b und c durchführen kann ?

Um diese Fragen zufriedenstellend beantworten zu können, müssen wir uns mit der Eingabe (*„Input"*) in den Rechner befassen. Durch Drücken der entsprechenden Zifferntasten ist es möglich, *Zahlen in das x-Register zu bringen.* Da über dem x-Register ein „Sichtfenster" angebracht ist, sind die eingetasteten Zahlen sofort im Display sichtbar. Nach Drücken der Taste ⌈4⌉ etwa sehen die Register so aus:

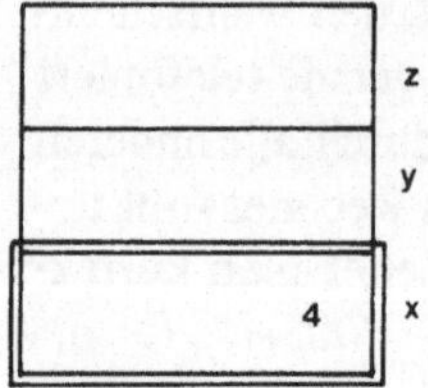

Abb. 1.3 a

Wir möchten gerne, daß vor der Multiplikation im y-Register 4 steht und im x-Register 3. Würden wir nun die Taste $\boxed{3}$ drücken, so würde sich auch das im x-Register auswirken (sein Inhalt wäre dann 43). Man muß also *zuerst* dafür sorgen, daß der Wert 4 ins y-Register gebracht wird, und kann erst dann eine weitere Zahl eintasten.

Und dieses „Zurückschieben" der Register besorgt die Taste **Enter** $\boxed{\text{ENTER} \uparrow}$. Nach Drücken dieser Taste sieht die Situation so aus:

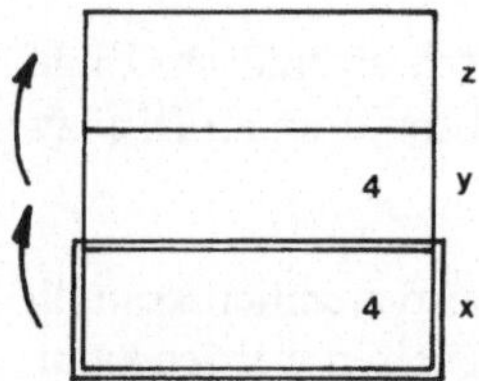

Abb. 1.3 b

Das Register x ist frei für die nächste Eingabe[2], der Inhalt von x wurde nach y geschoben, der Inhalt von y nach z.

Wird nun Taste $\boxed{3}$ gedrückt, entsteht folgendes Bild:

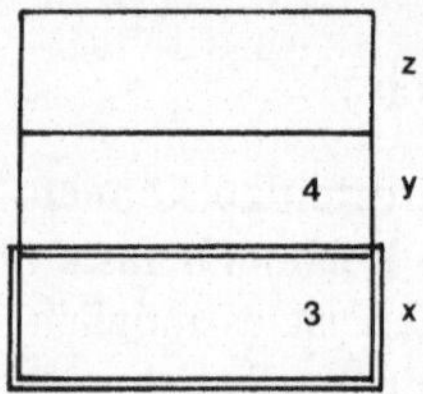

Abb. 1.3 c

---

[2] Der alte Wert steht zwar noch dort, wird aber nicht mehr benötigt.

und der Befehl „Multipliziere" $\boxed{*}$ kann gegeben werden. Das Ergebnis ist:

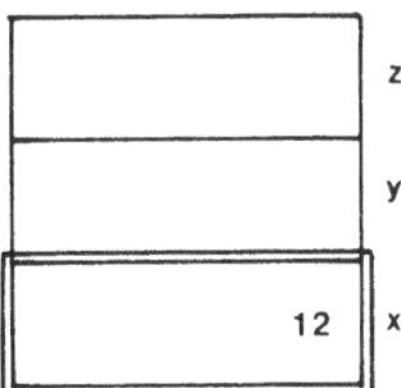

Abb. 1.3d

Tasten wir nun $\boxed{5}$ ein, ergibt sich

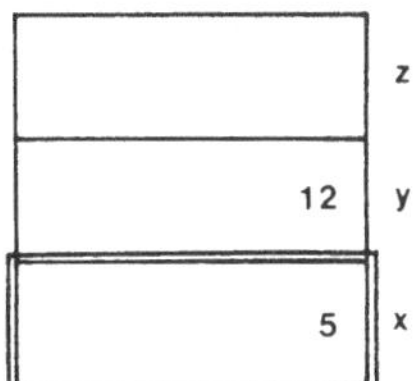

Abb. 1.3e [3]

Nach dem Befehl „Addiere" $\boxed{+}$ steht das Ergebnis in Register x:

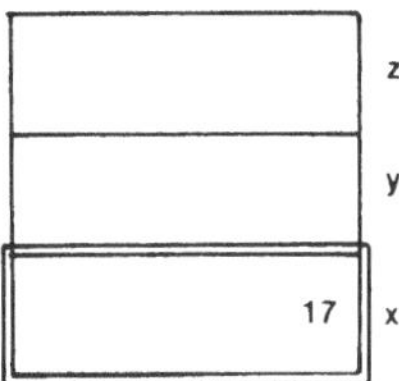

Abb. 1.3f

---

[3] Das „Nachhintenschieben" im Stapel erfolgt in dieser Situation automatisch. Die Taste $\boxed{\text{ENTER} \uparrow}$ dient eigentlich nur zum Nachhintenschieben zwischen zwei Eingaben.

Das endgültige Programm zur Berechnung von

$$a * b + c = ?$$

sieht also so aus (bitte vollziehen Sie es auf Ihrem Rechner nach !) :

1) Eingabe von a
2) [ENTER↑]
3) Eingabe von b
4) [*]
5) Eingabe von c
6) [+]

Programm 1.4a

Einverstanden ? Nein ? Vielleicht hätten Sie folgendes Programm vorgeschlagen:

1) Eingabe von c
2) [ENTER↑]
3) Eingabe von a
4) [ENTER↑]
5) Eingabe von b
6) [*]
7) [+]

Programm 1.4b

Dieses Programm ist genauso richtig (probieren Sie es bitte aus !), nur ist es um einen Befehl länger. Doch deswegen sollten Sie sich keine grauen Haare wachsen lassen, im Gegenteil: Sie haben alles Wesentliche erfaßt, wenn Sie diese Version selbst entwickelt oder wenigstens verstanden haben. Wenn Sie aber noch Schwierigkeiten haben, dann *lesen Sie bitte das ganze Beispiel nochmals.* Sonst legen Sie dieses Buch nämlich bald enttäuscht zur Seite.

Nun wollen wir das bisher Gesagte zusammenfassen und vervollständigen. Der Begriff des Stapels (auch „*Keller*" oder „*Stack*" genannt) wurde bereits gebracht: es handelt sich dabei um

> eine geordnete Menge von Registern, wo immer das zuletzt hinzugekommene als erstes verarbeitet wird.

„Füllen" („*push*") und „Entleeren" („*pop*") des Stapels erfolgen also (wie etwa beim Magazin einer Schnellfeuerwaffe) *am gleichen Ende* der linearen Aufeinanderfolge.

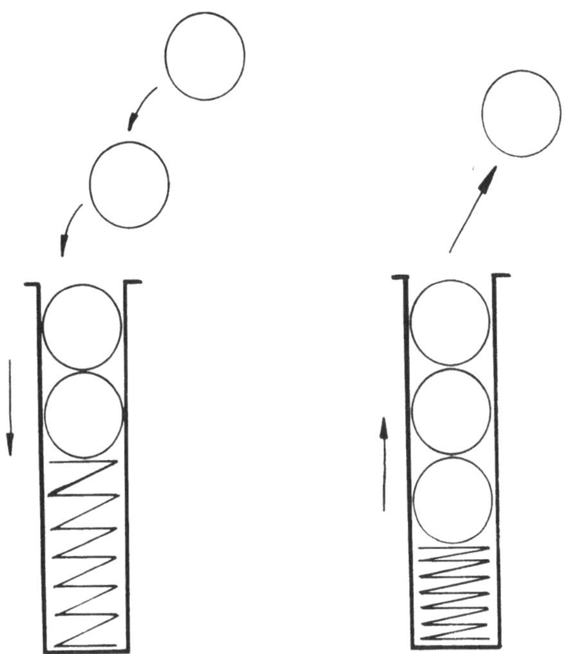

Abb. 1.4 Füllen eines Stapels   Abb. 1.5 Entleeren eines Stapels

Der Stapel im Rechner ist im Prinzip genauso konstruiert[4], hat aber noch einige Feinheiten im Detail zu bieten (die wiederum dazu dienen, die Programme so einfach wie möglich gestalten zu können):

---

[4] Wir haben ihn aber immer so aufgezeichnet, daß das Füllen und Entleeren ganz unten geschieht, damit kein Widerspruch zur Bedienungsanleitung Ihres Rechners entsteht.

Das „Füllen" des Stapels geschieht händisch durch Drücken der Taste ENTER ↑ zwischen zwei Eingaben sowie automatisch durch das Abliefern von Ergebnissen des Rechenwerks:

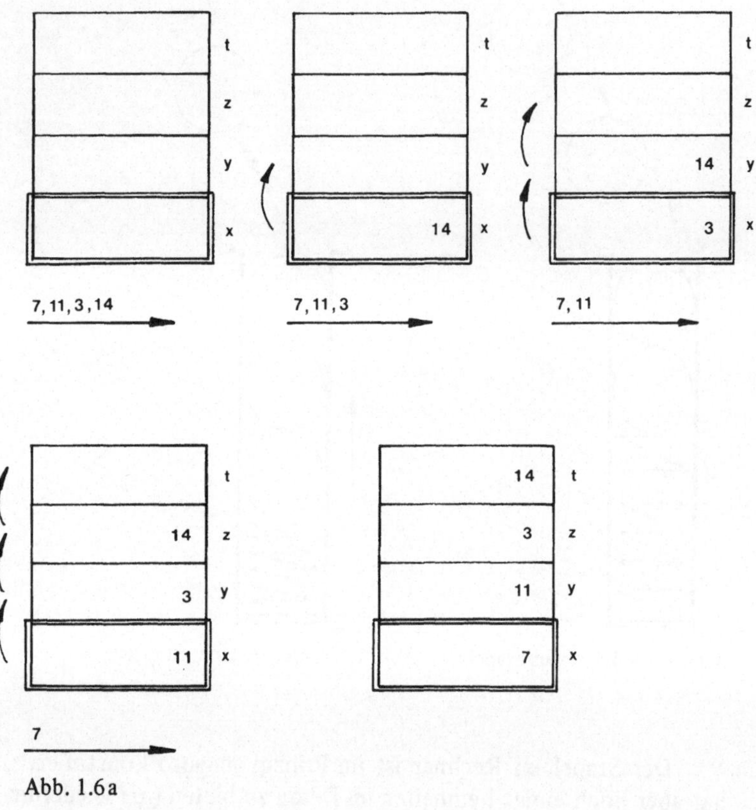

Abb. 1.6a

Hier wurde zur Abwechslung einmal ein Stapel aus vier Registern x, y, z und t verwendet (wie es auch in der Praxis üblich ist). Was passiert, wenn man in der letzten Situation, wo alle vier Register gefüllt sind, nochmals die Taste ENTER ↑ drückt oder das Rechenwerk noch ein Ergebnis abliefert ?

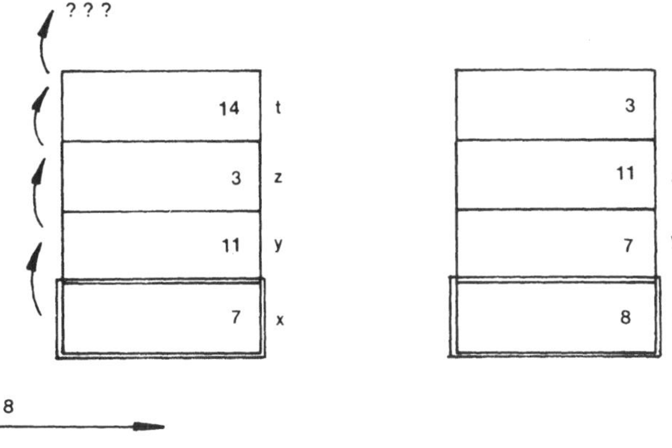

Abb. 1.6 b

Offensichtlich geht der Inhalt des Registers t verloren. Diese Möglichkeit muß man ständig im Auge behalten ! Glücklicherweise reichen vier Register für alle praktisch vorkommenden Rechnungen, auch mit komplizierten Klammerungen, vollkommen aus.

Das „Entleeren" des Stapels erfolgt händisch durch das Drücken der Taste $\boxed{\text{R} \downarrow}$ sowie automatisch durch das Abliefern von Operanden ins Rechenwerk. Leider sind die beiden Funktionen nicht völlig gleichartig und müssen daher einzeln behandelt werden.

Wird ein Zahlenwert aus dem Register x ins Rechenwerk gebracht, rücken bekanntlich die Inhalte aller anderen Register um eine Position nach. Das letzte Register (in unserem Falle t) enthält demnach aber nicht „Nichts" oder Null, sondern *dasselbe, was vor dem „Nachrücken" dort gestanden ist.* Der Wert, der sich vorher in t befunden hat, steht also nachher *sowohl in t als auch in z !*

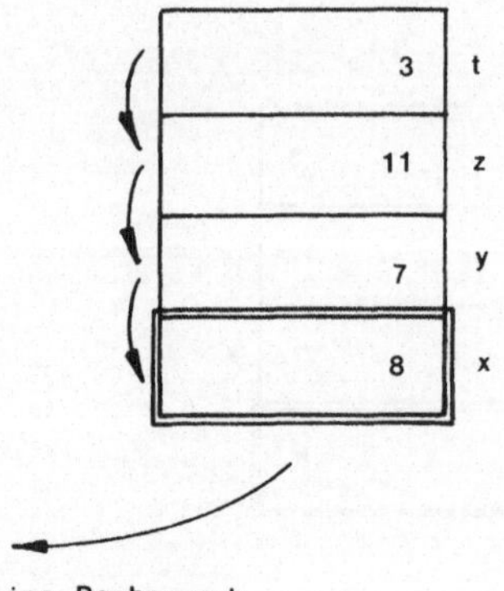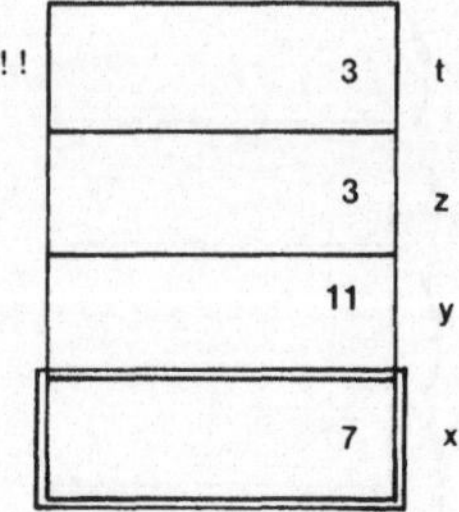

ins Rechenwerk

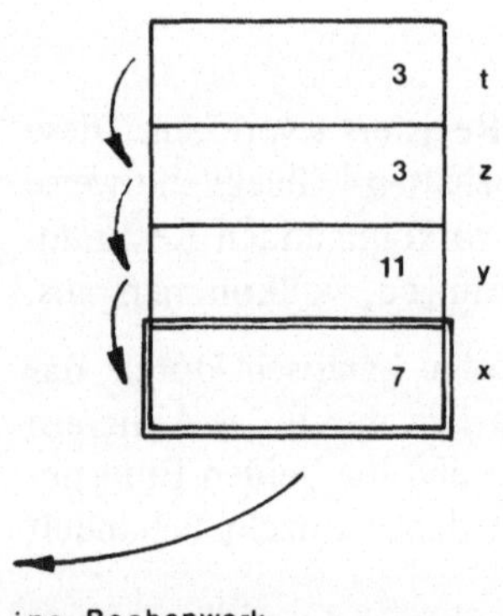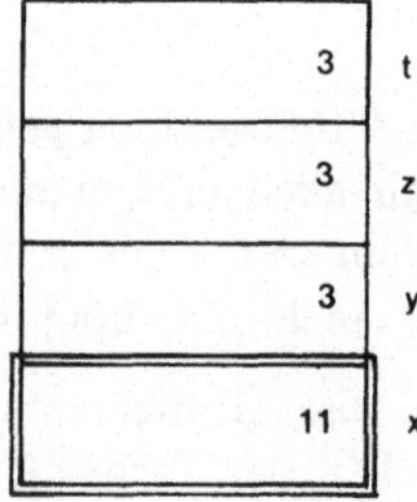

ins Rechenwerk

Abb. 1.7

Beim Betätigen der Taste $\boxed{R\downarrow}$ (von engl. *roll*, rollen) werden ebenfalls die Inhalte aller Register um eine Position nachgerückt, *der Inhalt des Registers x kommt aber ins Register t.* Am besten stellt man sich vor, daß das Blatt Papier, auf dem die Register aufgezeichnet sind, zu einem Zylinder zusammengedreht wird

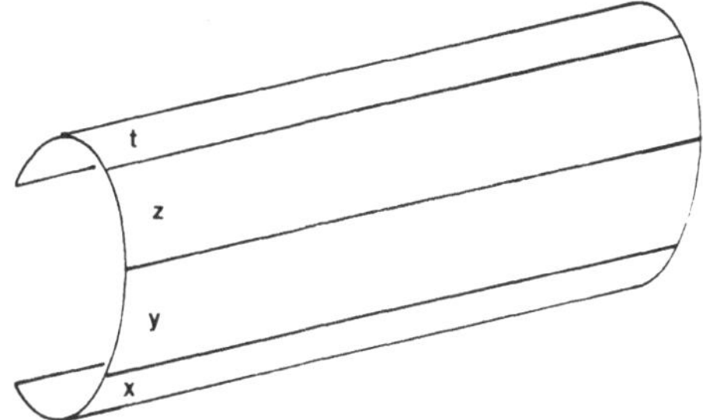

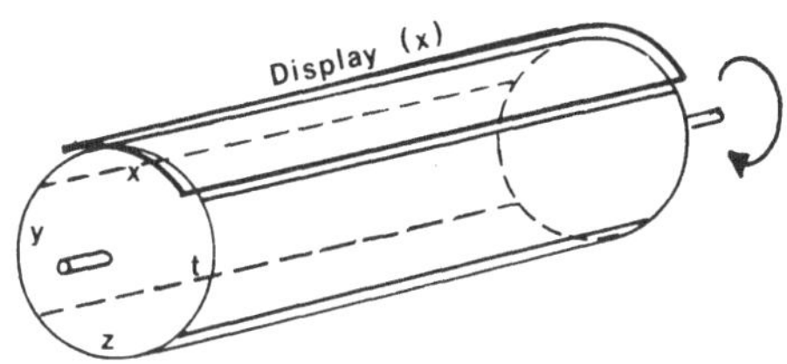

Abb. 1.8

und bei jedem Druck auf die Taste $\boxed{R \downarrow}$ um 90° (also eine Vierteldrehung) in Richtung des Pfeiles gedreht („*gerollt*") wird. Was vor dem Rollen in Register x (= Display) zu sehen war, kommt dadurch in Position t, der Inhalt von y wird nach x gebracht und dadurch sichtbar, der Inhalt von z kommt nach y und der Inhalt von t nach z. Wenn es Ihnen leichter fällt, können Sie sich diese „Umspeicherungen" natürlich auch so vorstellen (und zwar „gleichzeitig"):

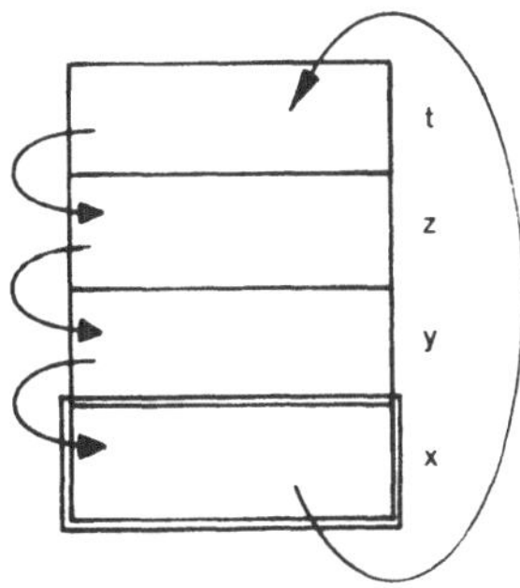

Abb. 1.9

Jedenfalls erfolgt bei Betätigen der Taste $\boxed{\text{R}\downarrow}$ ein zyklisches Umordnen der Registerinhalte, beim Abholen eines Wertes aus Register x aber ein Nachrücken mit Duplizieren des Inhaltes des letzten Registers. Dieser Unterschied ist von großer Bedeutung.

Nun noch ein paar „mathematische Bemerkungen" (keine Angst, es wird nicht schlimm !):

Rechenvorgänge, die zu ihrer Durchführung zwei Zahlenwerte (Operanden) benötigen, nennt man *„dyadische Operationen"*. Die vier Grundrechnungsarten sind Beispiele dafür. Rechenvorgänge, die nur einen Operanden benötigen, wie beispielsweise Wurzelziehen, Vorzeichenumkehr, Fakultäten, heißen *„monadische Operationen"*. Entsprechend holt sich das Rechenwerk für dyadische Operationen zwei Operanden, für monadische einen Operanden aus den Registern. Das Ergebnis einer Operation ist meist *eine* Zahl, die im x-Register abgeliefert wird, wobei alle Registerinhalte um eine Position aufrücken[5].

Von der Schule her sind wir gewohnt, dyadische Operationen in *Infix-Notation* zu schreiben, das heißt, das Operationssymbol zwischen die Operanden zu setzen.

$$3 + 4$$
$$16 \div 2 \quad \text{usw.}[6]$$

Um längere Rechnungsabläufe noch eindeutig zu machen, sind *„Vorrangregeln"* notwendig. So ist das Ergebnis von

$$3 * 4 + 5$$

eben 17 und nicht 27, weil die Multiplikation vor der Addition durchzuführen ist. Wollte man angeben, daß die Addition zuerst auszuführen ist, müßte man *Klammern* verwenden:

$$3 * (4 + 5)$$

---

[5] Unter Umständen (etwa bei der Berechnung von Polarkoordinaten oder statistischen Werten) kann das Ergebnis auch aus *mehreren* Zahlen bestehen und verdrängt entsprechend auch *mehrere Registerinhalte „nach oben".*

[6] $\div$ bedeutet die Division.

Vollkommen ohne Klammern und doch stets eindeutig sind Ausdrücke in sogenannter *„polnischer Notation"* (nach dem polnischen Mathematiker *Jan Lukasiewicz*), bei der das Operationssymbol *vor* den beiden Operanden steht:

$$+ \ 3 \ 4$$

oder in *„umgekehrter polnischer Notation"*, bei der das Symbol   UPN
hinter den beiden Operanden steht:

$$3 \ 4 \ +$$

Die beiden obigen Ausdrücke ergeben natürlich den Wert 7. Da viele moderne Rechner die umgekehrte polnische Notation für die Eingabe verwenden, müssen wir uns ein wenig mit ihren Eigenheiten auseinandersetzen.

Der Infix-Ausdruck 3 * 4 + 5 sieht in umgekehrter polnischer Notation so aus:

$$3 \ 4 \ * \ 5 \ +$$

Dies sieht zwar auf den ersten Blick seltsam aus, ist aber leicht zu verstehen: von links nach rechts abgearbeitet ergibt sich: 3 — eine Zahl, also erster Operand; 4 — eine Zahl, also zweiter Operand; * — ein Operationssymbol, also Durchführen der Operation:

$$\underline{3 \ 4 \ *} \ 5 \ +$$

Durchführen der Operation !

$$12 \ 5 \ +$$

Es ergibt sich 12; das ist gleich wieder der erste Operand für die nächste Operation; der zweite Operand ist 5, dann kommt das Symbol +, daher Durchführen der Operation:

$$\underline{12 \ 5 \ +}$$

$$17$$

Beispiel Noch ein Beispiel ! Wie sieht der Infix-Ausdruck $3 * (4 + 5)$ in *Postfix-Notation* (ein anderer Name für die umgekehrte polnische Notation; die polnische heißt übrigens auch *Präfix-Notation*) aus ?

$$3 \quad 4 \quad 5 \quad + \quad *$$

Versuchen Sie, den Postfix-Ausdruck von links nach rechts durchzugehen. Beim Auftreten des ersten Operators (+) wird die Operation mit den beiden links davon stehenden Operanden (4 und 5) ausgeführt. Das Ergebnis (9) ersetzt den abgearbeiteten Teilausdruck (4   5   +) und es entsteht der Postfix-Ausdruck 3   9   *. Dieser wird genau so abgearbeitet. Das Ganze mag Ihnen kompliziert vorkommen, aber es ist ganz ohne Klammern abgegangen ! Und damit haben wir schon den Nachteil und einen Vorteil der umgekehrten polnischen Notation erkannt: Sie erfordert ein gewisses Umdenken, aber sie benötigt keinerlei Klammern. Um uns das nochmals deutlich vor Augen zu führen, ein weiteres Beispiel.

Beispiel Was bedeutet der Postfix-Ausdruck:

$$3 \; 4 + 5 * 6 \; 7 + + 12 \div ?$$

Um ihn leichter analysieren zu können, haben wir die dyadischen Operationen jeweils zusammengefaßt, immer in der Reihenfolge:

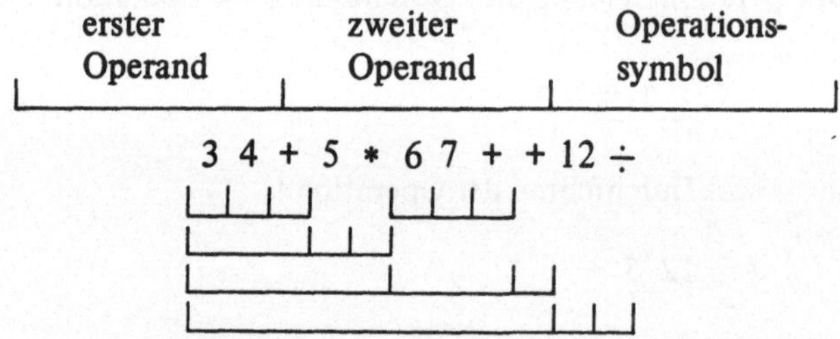

In konventioneller Schreibweise lautet der Ausdruck also

$$[(3 + 4) * 5 + (6 + 7)] \div 12 \; {}^{[7]}$$

und hat als Wert 4.

---

[7] Die Klammer um den Ausdruck 6 + 7 wurde nur des besseren Verständnisses wegen angebracht. Sie ist natürlich überflüssig.

Ebenso lassen sich Ausdrücke mit drei oder mehr verschiedenen Klammerarten *klammerfrei* in Postfix-Notation schreiben. Verwirrend ? Auf den ersten Blick vielleicht. Man gewöhnt sich aber rasch daran. Und man gewinnt den zweiten, viel bedeutenderen Vorteil: ein Ausdruck in Postfix-Schreibweise *läßt sich sehr einfach in ein Programm umsetzen*, ja er ist eigentlich bereits das Programm.

Betrachten wir dazu nochmals den Ausdruck   **Beispiel**

$$3 \ 4 + 5 * 6 \ 7 + + 12 \div$$

Das entsprechende Programm lautet nämlich

 1) 3 eintasten
 2) ENTER↑ − Taste drücken
 3) 4 eintasten
 4) Addieren
 5) 5 eintasten
 6) Multiplizieren
 7) 6 eintasten
 8) ENTER↑ − Taste drücken
 9) 7 eintasten
10) Addieren
11) Addieren
12) 12 eintasten
13) Dividieren

Programm 1.5

oder kurz

3 ENTER↑ 4 + 5 * 6 ENTER↑ 7 + + 1 2 ÷

und unterscheidet sich also nur durch das ENTER↑ zur Trennung zweier Eingaben vom Postfix-Ausdruck.

Wenn Sie es nicht glauben, vollziehen Sie es an Ihrem Rechner nach ! Im Stapel tut sich während des Ablaufes folgendes:

2*

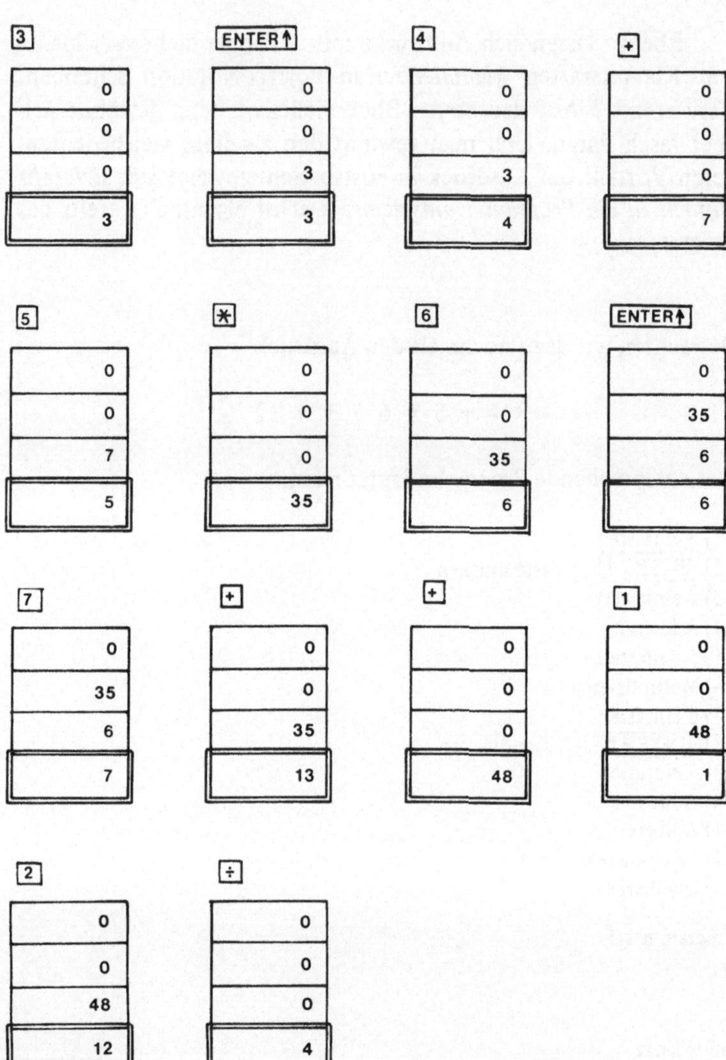

Abb. 1.10

Sollten Sie Probleme haben, erinnern Sie sich bitte daran, daß zur
Ausführung einer zweistelligen Operation die Inhalte der Register
x und y herangezogen werden und das Ergebnis anschließend in x
zu finden ist.

Weiters haben wir hier stillschweigend vorausgesetzt, daß bei Einschalten des Rechners der gesamte Stapel mit 0 gefüllt wird, wie es in der Praxis tatsächlich der Fall ist.

Und wie werden monadische Operationen abgearbeitet ? Nach dem bisher Gesagten ist das ganz einfach: $\sqrt{16}$ wird als

$$16 \ \sqrt{}$$

dargestellt, auch der monadische Operator wird *nach* seinem Operanden angegeben. Das entsprechende Programm lautet

1) 16 eintasten
2) Wurzelziehen

oder

$\boxed{1}\ \boxed{6}\ \boxed{\sqrt{}}$ (bitte nachvollziehen !)

Programm 1.6

Ein „gemischtes" Beispiel gefällig ? Bitte sehr: **Beispiel**

$$(2 + 3) \ * \ \sqrt{5 + 11}$$

In Postfix-Schreibweise

$$2\ \ 3\ +\ 5\ \ 11\ +\ \sqrt{}\,*$$

und als Programm (nur mehr symbolisch):

$\boxed{2}\ \boxed{\text{ENTER}\uparrow}\ \boxed{3}\ \boxed{+}\ \boxed{5}\ \boxed{\text{ENTER}\uparrow}\ \boxed{11}\ \boxed{+}\ \boxed{\sqrt{}}\ \boxed{*}$

Programm 1.7

Probieren Sie es aus ! Es muß natürlich 20 herauskommen.

Man sieht: Die Postfix-Notation und die Arbeitsweise des Stapels ergänzen einander auf ideale Weise, sie sind „wie füreinander geschaffen". Es gibt programmierbare Rechner mit konventioneller Infix-Eingabe (oft als „algebraische" Eingabe bezeichnet) und solche mit Postfix-Eingabe. Die Vor- und Nachteile beider Systeme sollten Ihnen, lieber Leser, mittlerweile klar geworden sein.

Das Zusammenwirken von Rechenwerk und Stapel ist nun weitgehend geklärt. Programmierbare Rechner haben meist einen zusätzlichen *„Datenspeicher"* (für sogenannte *„Konstanten"*), da man mit der Speicherung von maximal vier Zahlen gleichzeitig nicht das Auslangen finden würde. Auch dieser Datenspeicher ist in Speicherzellen geteilt, in denen jeweils eine Zahl Platz findet und die fortlaufend numeriert sind. Diese Nummern werden als *Adresse* der Speicherzelle bezeichnet. Derartige Rechner haben stets besondere Befehle, um Inhalte von Speicherzellen in ein Register zu transferieren (*„laden"* des Registers, engl. *load*) bzw. um umgekehrt Registerinhalte in Speicherzellen bringen zu können (*„Speichern"*, engl: *store*). Oft gibt es auch Befehle, mit deren Hilfe man Speicherinhalte direkt ins Rechenwerk zur Verarbeitung bringen kann, ohne den Umweg über die Register x und y gehen zu müssen; die Ergebnisse derartiger Befehle stehen dann ebenfalls in einer Speicherzelle. Das Bild des Rechners erweitert sich also zu

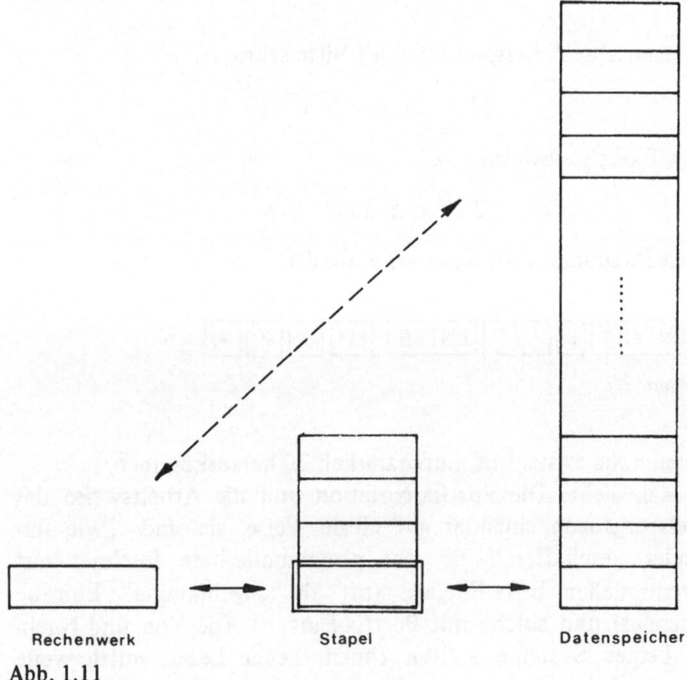

Abb. 1.11

Ein wichtiger Schritt zum Verständnis eines programmierbaren Rechners fehlt allerdings noch. Das Programm zur Lösung einer Rechenaufgabe kann man

— entweder im Kopf haben
— oder auf einer „Gebrauchsanweisung" (Rechenknecht !)
— oder man kann auch das Programm in einem Speicher des Rechners unterbringen.

Im letzteren Fall, und das ist derjenige, der für programmierbare Rechner gilt (die ersten beiden gelten für nicht-programmierbare Rechner — genau das ist der Unterschied !), benötigt man einen eigenen *Programmspeicher*. In diesem sind die Befehle des Programmes der Reihe nach gespeichert. Wenn man jeden Befehl als Zahl verschlüsselt (z. B. 1 = Addiere, 2 = Multipliziere oder so ähnlich) kann man die Befehle genauso wie die Daten in (aufeinanderfolgend adressierten !) Speicherzellen speichern[8].

Das Abarbeiten der Befehle, einen nach dem anderen, übernimmt das *Steuerwerk*, das die Befehle entschlüsselt und durchführen läßt. Die Verschlüsselung der Befehle erfolgt bei programmierbaren Tisch- und Taschenrechnern stets durch Kombinieren der Zeilen- und Spaltennummer der Taste dieses Befehls zu einer zweistelligen Zahl; also etwa: die Taste in der zweiten Zeile und vierten Spalte des Tastaturfeldes wird mit 24 verschlüsselt. Ein eigenes *Befehlszähler*-Register enthält immer die Adresse des nächsten abzuarbeitenden Befehls. Das Steuerwerk führt also pro Befehl folgende Arbeiten durch:

1) Hereinholen des Befehls, dessen Adresse im Befehlszähler steht, ins Steuerwerk
2) Erhöhen des Inhaltes des Befehlszählers um 1 (damit es später beim nächsten Befehl weitergeht)
3) Durchführen des Befehls veranlassen

----

[8] Diese Idee hat der amerikanische Mathematiker *John v. Neumann* 1947 gehabt. Seither werden Rechner aller Größen nur mehr so gebaut.

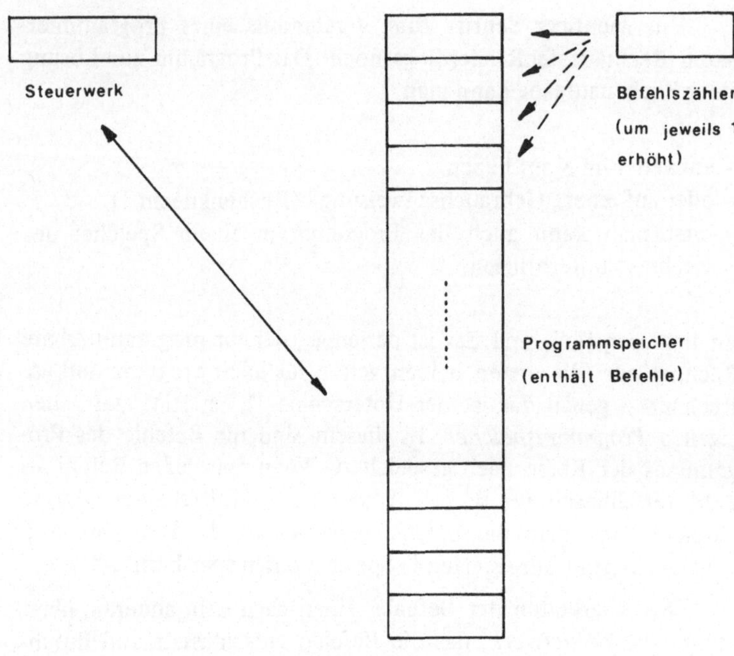

Abb. 1.12

Sprünge   Mit Hilfe des Befehlszählers ist es möglich, in Programmen auch Befehle wie „weiter geht es nicht beim nächsten Befehl, sondern beim Befehl in Zelle 57" (sogenannte „*Sprungbefehle*", engl.: *go to*) zu verwenden. Die Durchführung eines Sprungbefehls besteht einzig und allein aus der Erhöhung des Befehlzählers, allerdings nicht um 1, sondern (in unserem Beispiel) auf 57. Der nächste Befehl, den das Steuerwerk abarbeitet, ist eben dann der auf Adresse 57.

Solche Sprünge mögen Ihnen auf den ersten Blick unsinnig erscheinen, aber mit einer kleinen Erweiterung werden sie zu einem mächtigen Instrument des Programmierers: es gibt die Möglichkeit, die Durchführung des Sprunges von einer *Bedingung* abhängig zu machen, etwa ob der Divisor bei einer Division gleich Null ist oder nicht. Ist diese Bedingung erfüllt, so soll das Programm bei Adresse 57 fortgesetzt werden, andernfalls wird die Division ausgeführt:

.
.
.
.

(22) Ist der Inhalt von Register x gleich Null ?
(23) Falls ja, springe nach (57)
(24) Dividiere

.
.
.
.

(57) . . . .

Programm 1.8

Solche Abfragen können erfolgen auf   =   (gleich)
                                         <   (kleiner)
                                         >   (größer)
                                         $\leqslant$ (kleiner oder gleich)
                                         $\geqslant$ (größer oder gleich)
                                         $\neq$ (ungleich)

wobei entweder die Inhalte der Register x und y miteinander verglichen werden oder der Inhalt des Registers x mit Null verglichen
wird.

Der Sprungbefehl von Adresse 23 auf Adresse 57 ist ein
Vorwärtssprung. Was passiert, wenn Sie einen *Rückwärtssprung*
programmieren, also einen Sprung von einer höheren auf eine
niedrigere Befehlsadresse ?

.
.
.
.
.

(28) . . . .
(29) . . . .

.
.
.

(48) Springe nach (28)

.
.

Programm 1.9

Der Ablauf dieses Programmes würde nie über Befehl 48 hinaus-
kommen, da es stets bei Befehl 28 weiterginge. Ja, das Programm
würde *nie zu einem Ende kommen* (solange Sie den Rechner nicht
aus Verzweiflung .abschalten, was aber nicht Sinn der Sache sein
kann) ! Man spricht in diesem Fall von einer *„Endlosschleife"*, die
natürlich unter allen Umständen zu vermeiden ist.

Schleife   Andererseits will man oft Programme schreiben, die in einer
Schleife Rechenvorgänge wiederholen (z. B.: Näherungslösungen
einer Aufgabe solange berechnen, bis eine vorgegebene Genauigkeit erreicht ist) und braucht dazu unbedingt Rückwärtssprünge.
Als Lösung dieses Dilemmas bietet sich ein *bedingter Sprung* wie
im vorigen Beispiel an:

     .
     .
     .
     .

Berechnen Näherungslösung
(immer bessere Näherung)
     .
     .
     .

Wenn Genauigkeit, noch nicht
groß genug[9], springe
sonst
     .
     .
     .

Programm 1.10

Unter-
programm   Ein weiteres Konzept der *Programmiertechnik* soll hier noch
erörtert werden: die sogenannten *Unterprogramme*. Programmstücke, die an *mehreren* Stellen des Programmes gebraucht werden,
an allen diesen Stellen im Programmspeicher abzuspeichern, ist
glatte Platzverschwendung. (Und der Programmspeicher der
meisten Kleinrechner ist eben nicht gerade riesig.)

---

[9] Als Maßstab für die Genauigkeit kann man beispielsweise den maximalen
Unterschied zwischen der vorletzten und der letzten Näherung vorgeben.
Näheres dazu in Kapitel 8.

Anstatt

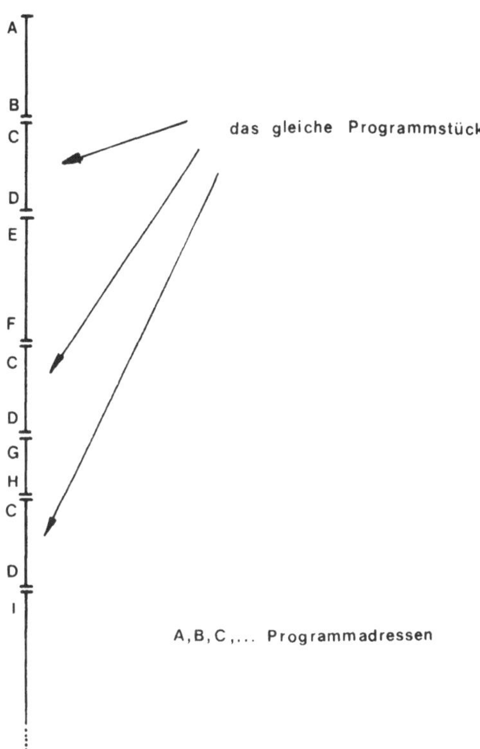

Abb. 1.13

dieser Form, wird man das fragliche Programmstück nur einmal speichern und vom *Hauptprogramm* an den entsprechenden Stellen in das *Unterprogramm* springen und nach dessen Durchführung in das Hauptprogramm zurückspringen.

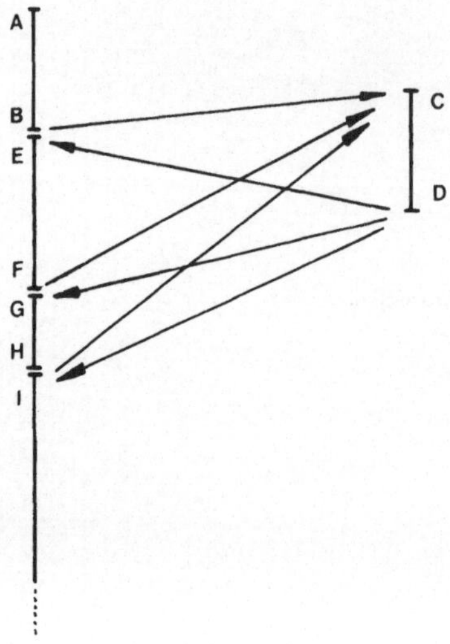

Abb. 1.14

So spart man Speicherplatz (und Schreibarbeit). Um nach Ausführung des Unterprogrammes wieder an die richtige Stelle zurückspringen zu können (das ist: *ein* Befehl hinter dem Sprung ins
Unterprogramm), muß man den Stand des Befehlszählers zum
Zeitpunkt des Sprunges „retten“. Dazu dient ein eigener Stapel.
Wozu ein Stapel ? Dazu genügt doch eine Speicherzelle, werden
Sie vielleicht einwenden. Ja, wenn Sie nur vom Hauptprogramm in
ein Unterprogramm springen wollen, haben Sie recht. Aber wenn
vom Unterprogramm ein Sprung in ein weiteres Unterprogramm
erfolgt ? Und von dort wieder ? Dann müssen all die *Rücksprungadressen* irgendwo gespeichert werden. Und dazu eignet sich nichts
besser als ein Stapel, der so viele Elemente aufnehmen kann, als
Unterprogrammebenen (das ist die Anzahl der *ineinander ver-
schachtelt aufrufbaren* Unterprogramme) beim jeweiligen Rechner
erlaubt sind[10].

---

[10] Genaugenommen ist es natürlich umgekehrt: die Größe des Rücksprung-
adressenstapels bestimmt die Anzahl möglicher Programmebenen.

Dazu ein Beispiel (die Buchstaben bezeichnen wieder Programmadressen):

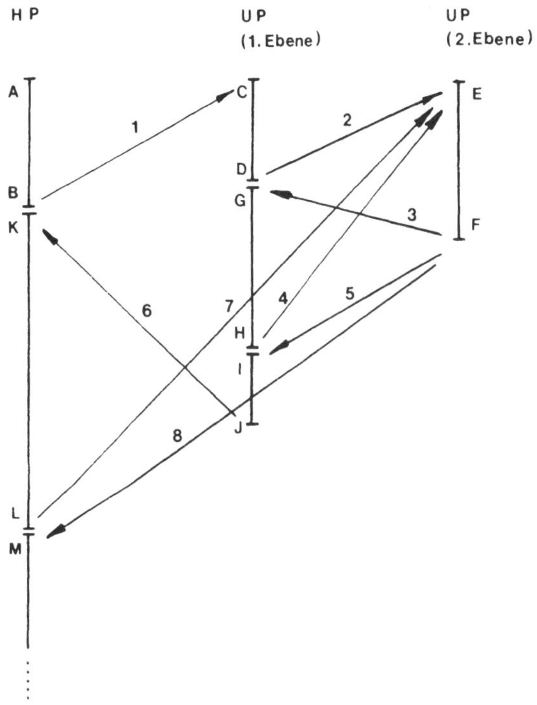

Abb. 1.15

Der Stapel für Rücksprungadressen enthält dann in chronologischer Reihenfolge (jeweils ganz unten die „aktuellste" Rücksprungadresse):

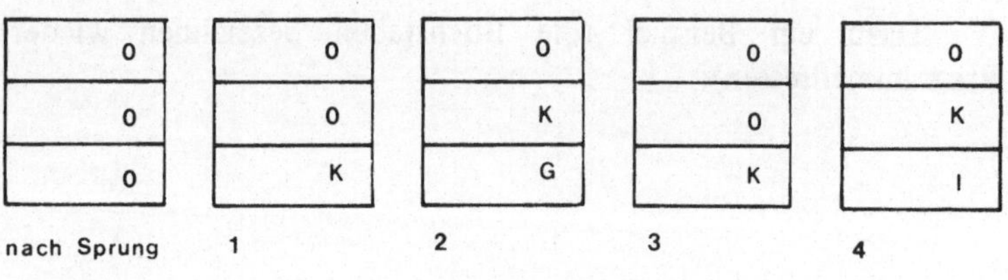

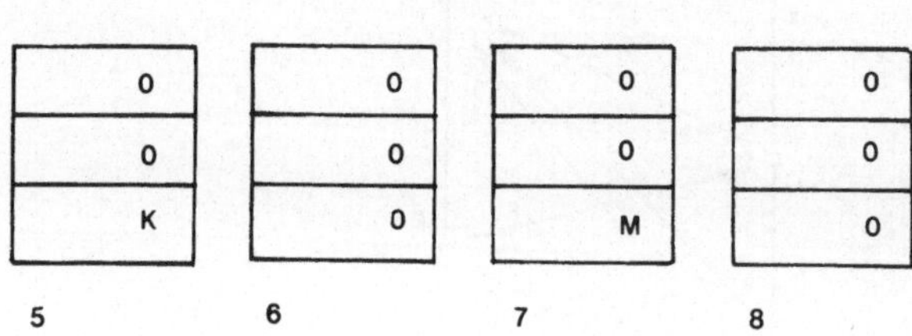

Abb. 1.16

Mit diesem dreielementigen Stapel hätte man also noch eine dritte Unterprogrammebene „verkraften" können.

Index-register   Ein ähnliches Konzept wie das des Befehlszählers, der Adressen im Programmspeicher enthält, gibt es auch für Datenspeicher: Ein (oder mehrere) *Indexregister* enthalten Adressen des Datenspeichers, wodurch man in aufeinanderfolgenden Zellen gespeicherte Zahlen sehr elegant nacheinander verarbeiten kann (ebenso wie mittels des Befehlszählers in aufeinanderfolgenden Zellen gespeicherte Befehle nacheinander verarbeitet werden.)

Beispiel Nehmen wir zum Beispiel an, wir wollten dreißig Zahlen addieren, die in den Speicherzellen 20 bis 59 gespeichert sind. Das Ergebnis soll in Zelle 60 stehen.

Ein Programm der Form

1) Bringe Inhalt von Zelle 20 in Zelle 60
2) Addiere Inhalt von Zelle 21 zum Inhalt von Zelle 60
3) Addiere Inhalt von Zelle 22 zum Inhalt von Zelle 60
4) . . . .
       .
       .
       .
       .
       .
30) Addiere Inhalt von Zelle 59 zum Inhalt von Zelle 60

Programm 1.11a

wäre wohl sehr langweilig.

Mit Hilfe eines Indexregisters können wir programmieren:

1) Bringe den Wert 20 ins Indexregister (IR)
2) Bringe den Wert der Speicherzelle, deren Adresse im IR steht nach
   Speicherzelle 60
3) Erhöhe den Wert des IR um 1
4) Addiere den Wert der Speicherzelle, deren Adresse im IR steht zum
   Inhalt von Speicherzelle 60
5) Falls der Inhalt des Indexregisters kleiner als 60 ist, springe nach 3)

Programm 1.11b

Die Ersparnis an Befehlen ist gewaltig. Manche Kleinrechner
bieten dem Benutzer diesen Komfort, der auch *indirekte Adressie-*
rung genannt wird.

Es wird nun Zeit, das Hardware-Konzept des Rechners zu
rekapitulieren. Die folgende Zeichnung soll als Wiederholung und
Zusammenfassung dienen:

Daten-
speicher
Indexregister
(ev. mehrere)
Datenstack
Rechenwerk
Display
(von Daten
auf Befehle
umschaltbar)
Steuerwerk
Display
aktueller Befehl
Programm-
speicher
Befehlszähler
(ev. als Stapel
für Rücksprung-
adressen)

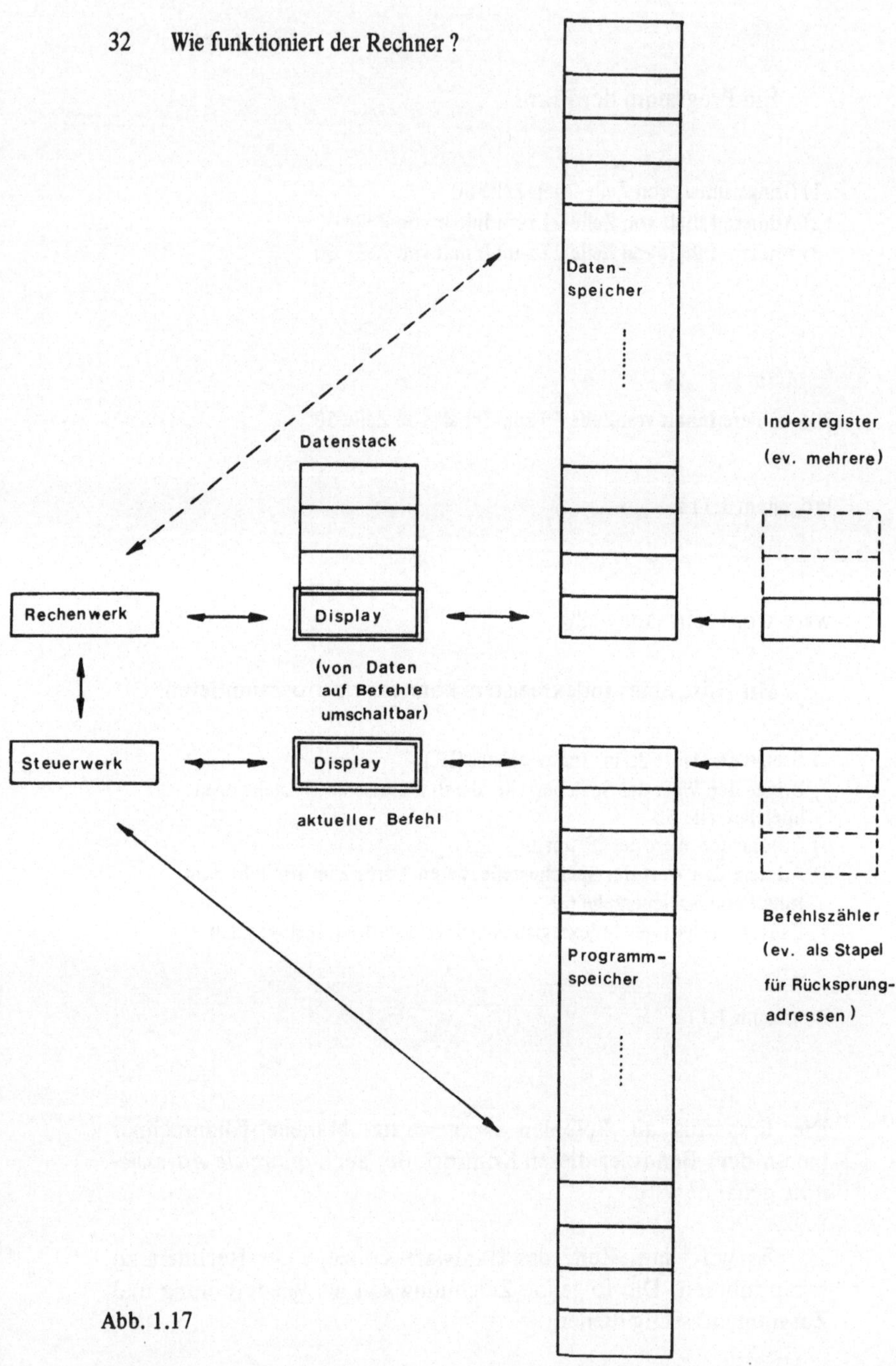

Abb. 1.17

Es ergibt sich eine nahezu vollständig symmetrische Struktur, bei der jeder Bestandteil des „Datenteils" einem Bestandteil des „Befehlsteils" entspricht (und umgekehrt). Das Display zeigt Daten (nämlich den Inhalt des x-Registers), wenn der Rechner im „Run-Mode" („Ablaufzustand", d. h. Programme können ablaufen) ist, bzw. Befehle (nämlich den gerade abzuarbeitenden oder den eingetasteten), wenn der Rechner im „Einzelschrittmodus" bzw. im „Programmiermodus" ist . (Dazu siehe Gebrauchsanweisung.)

Manche Rechner enthalten zusätzlichen Luxus: etwa gedruckte Ausgabe anstelle des simplen Displays oder die Möglichkeit, die Programme auf kleinen „Magnetstreifen" zu speichern, damit man sie nicht nach jedem Abschalten des Rechners oder nach Verwendung eines anderen Programmes neu eintasten muß.

Spätestens jetzt sollten Sie, lieber Leser, eigentlich Lust bekommen haben, ein kleines Programm zu schreiben, zu speichern und zum Ablauf zu bringen. Wir wollen wieder bescheiden anfangen und das Programm zur Berechnung des Ausdruckes

$$a * b + c$$

hernehmen und es so abändern, daß es für beliebige a, b und c funktioniert. Das Programm hatte folgendes Aussehen:

1) Eingabe von a
2) $\boxed{\text{ENTER}\uparrow}$
3) Eingabe von b
4) $\boxed{*}$
5) Eingabe von c
6) $\boxed{+}$

Programm 1.12a

Würde dieses Programm automatisch vom ersten bis zum letzten Befehl ablaufen, hätten wir überhaupt nie Zeit, die Werte für b und c einzugeben, der Rechner würde die sechs Befehle in Blitzeseile abarbeiten, und noch ehe wir etwas tun könnten, wäre alles vorbei.

So geht es also nicht. Zum Glück gibt es eine Taste namens $\boxed{\text{R/S}}$ (Run/Stop), mit deren Hilfe wir einen „Halt" in das Programm einbauen und es anschließend weiterlaufen lassen können. Die endgültige Lösung lautet also

$$\boxed{\text{ENTER} \uparrow}\ \boxed{\text{R/S}}\ \boxed{*}\ \boxed{\text{R/S}}\ \boxed{+}$$

Programm 1.12b

Da die Eingabe selbst nicht automatisch, sondern durch Eintasten erfolgen soll (es sollen ja verschiedene Werte für a, b und c ausprobiert werden), sind an den geeigneten Stellen „Haltepunkte" eingebaut. Am Anfang des Programmes wird *kein* $\boxed{\text{R/S}}$ -Befehl gegeben, da das Programm ja erst abzulaufen beginnt, wenn wir eine entsprechende Taste drücken (nämlich $\boxed{\text{R/S}}$). Davor muß man eben den Wert für a eintasten.

Was müssen wir also tun ?

— den Rechner einschalten und
— mittels eines Schalters in den Programmiermodus bringen
— die fünf Befehle $\boxed{\text{ENTER}\uparrow}\ \boxed{\text{R/S}}\ \boxed{*}\ \boxed{\text{R/S}}\ \boxed{+}$ durch
  Drücken der entsprechenden Tasten eingeben. (Im Display
  erscheinen die Befehle codiert)
— durch Drücken der Taste $\boxed{\substack{\text{CLEAR} \\ \text{PGM}}}$ wird der Befehlszähler auf
  den ersten Befehl (= $\boxed{\text{ENTER}\uparrow}$) gesetzt
— Umschalten des Rechners auf Ausführungsmodus (Run Mode)
— Eintasten des Wertes für a (z. B.: 13)
— Drücken der Taste $\boxed{\text{R/S}}$. Schon geht es los !

Und was passiert dann ? Der Rechner führt folgsam Befehl für Befehl aus. Als erstes den $\boxed{\text{ENTER} \uparrow}$ -Befehl, dann den $\boxed{\text{R/S}}$. Also Halt ! Er wartet auf die Eingabe von b. Tasten Sie z. B. 5 ein und drücken wieder $\boxed{\text{R/S}}$. Weiter geht's, die Multiplikation wird durchgeführt. Schon wieder ein Stop ! Eingabe von c, z. B. 17 und $\boxed{\text{R/S}}$. Jetzt wird die Addition durchgeführt und das Programm ist auch schon zu Ende. Natürlich zeigt das Display 82.
Bitte führen Sie unbedingt alle Schritte auf Ihrem Rechner

durch, auch wenn die Tasten vielleicht etwas anders beschriftet sind. Details stehen in der Gebrauchsanweisung.

Noch ein Beispiel gefällig ? Aber bitte. **Beispiel**
Wir wollen den Ausdruck

$$\frac{a + b}{a - b}$$

für beliebige a und b programmieren. Damit wir die Zahlenwerte für a und b nicht mehrmals eintasten müssen, ist es praktisch, sie in einem Datenspeicher aufzubewahren. Dazu dient die Taste $\boxed{\text{STO}}$ (Store). Das Laden des x-Registers mit dem Speicherinhalt erfolgt durch $\boxed{\text{RCL}}$ (Recall, Zurückrufen).

Versuchen Sie das Programm selbst zu schreiben und zu testen (d. h. auszuprobieren). Etwa mit a = 6 und b = 4. Kommt als Ergebnis 5 heraus ? Und mit a = 4 und mit b = 6 ? Und mit a = 8 und b = 8 ? Ja natürlich, durch Null dividieren kann auch der Rechner nicht !

Zur Sicherheit hier ein Lösungsvorschlag:

1) Eintasten a
2) Speichern von a in Zelle 1
3) Eintasten b
4) Speichern von b in Zelle 2
5) Addieren
6) Laden des Registers x mit dem Inhalt von Zelle 1 (= a), dadurch wird
   a + b, das dort gestanden ist, in Register y verwiesen !)
7) Laden des Registers x mit dem Inhalt von Zelle 2 (= b) (bewirkt)
   abermaliges Weiterrücken im Stapel)
8) Subtrahieren
9) Dividieren

Oder symbolisch:

$$\boxed{\text{STO}}\;\boxed{1}\;\boxed{\text{R/S}}\;\boxed{\text{STO}}\;\boxed{2}\;\boxed{+}\;\boxed{\text{RCL}}\;\boxed{1}\;\boxed{\text{RCL}}\;\boxed{2}\;\boxed{-}\;\boxed{\div}$$

Programm 1.13

Falls Sie noch Zweifel haben, betrachten Sie den chronologischen Ablauf im Stack und im Datenspeicher, wenn z. B. a = 6 und b = 4 ist:

3*

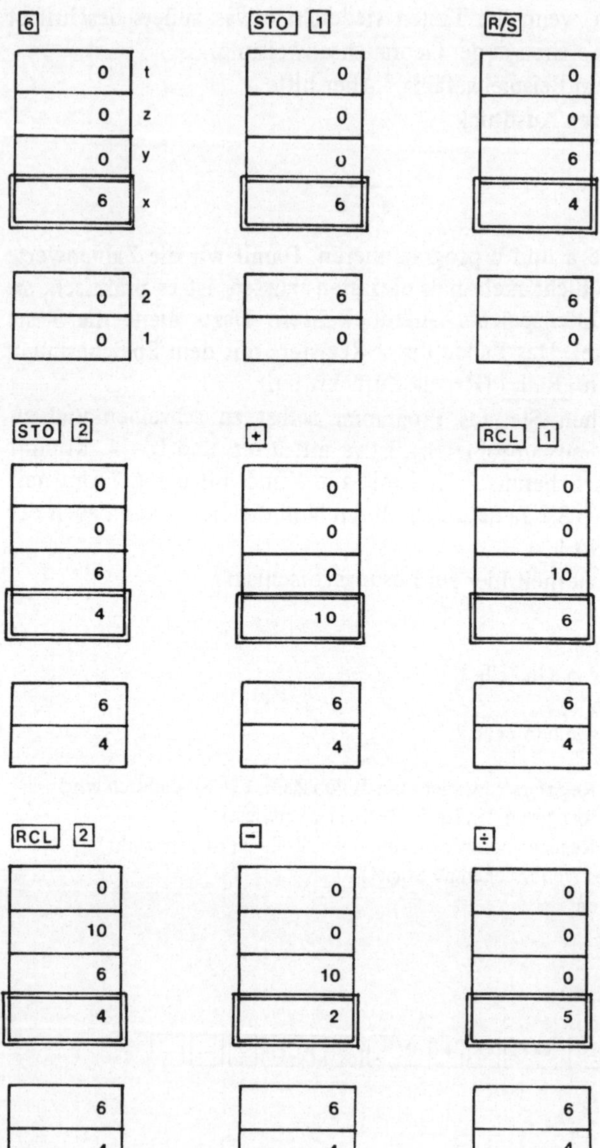

Abb. 1.18

Wenn Sie dieses Beispiel durchgearbeitet haben, sind Sie mit der Hardware Ihres Rechners soweit vertraut, daß Sie die höheren Weihen des Programmierens empfangen können.

Doch zuvor noch ein paar Worte für mathematisch Interessierte (strenggläubige Mathematiker mögen ein Auge zudrücken !): Ein Rechner kann als „endlicher deterministischer *Automat*" angesehen werden. Das ist ein Apparat, der in Abhängigkeit von Eingangsgrößen und seinem aktuellen Zustand in einen von endlich vielen anderen Zuständen übergeht.

Jede Zustandsänderung ist durch den momentanen Zustand und die Eingangsdaten eindeutig bestimmt. Parallel zur Entwicklung automatischer Rechenanlagen hat sich auch deren mathematische Grundlage, die „*Automatentheorie*", stürmisch entwickelt, zu der bereits ausreichend Literatur existiert.

Die Entwicklung der Praxis des Programmierens geht bei größeren Rechnern immer stärker weg von „*maschinenorientierten Sprachen*" (in der Art der Befehle der Tisch- und Taschenrechner) und immer mehr in Richtung „*problemorientierter Sprachen*" (Beispiele dafür sind COBOL, ALGOL oder PASCAL), bei denen der Programmierer kaum Rücksicht auf die Konstruktion der Hardware (Register, Speicherzellen usw.) nehmen muß, sondern seine Konzentration voll auf die gestellte Aufgabe richten kann. Eine ähnliche Entwicklung auch für Kleinrechner ist zu erwarten. In diesem Buch soll gezeigt werden, wie man auch mit den heutigen Rechnern Aufgabenstellungen *problemorientiert* angehen kann und erst das fast fertige Programm in eine *maschinenorientierte*, für die Hardware verarbeitbare Form bringt.

2. Das kann jeder !
(Drei einfache Beispiele)

Nun wollen wir, lieber Leser, ein praktisches Beispiel angehen. Natürlich zum Anfang ein leichtes, aber doch immerhin mit einer sinnvollen Aufgabenstellung. Und zwar soll das Verhältnis der Seiten eines Rechtecks im „goldenen Schnitt"[11] berechnet werden. Der Faktor, um den die längere Seite größer ist als die kürzere wird in der Mathematik mit dem griechischen Buchstaben φ (phi) bezeichnet und es gilt

$$\varphi = 1 + \frac{1}{\varphi}.$$

Setzt man in diese Formel wiederholt für φ den gesamten Ausdruck ein, so erhält man eine der vielen Möglichkeiten, diese Zahl zu berechnen (und zwar eine, die sich für den Rechner besonders gut eignet; warum, werden wir etwas später noch diskutieren):

$$\varphi = 1 + \cfrac{1}{1 + \cfrac{1}{1 + \cfrac{1}{1}}} \cdots$$

(ein sogenannter Kettenbruch)

Ohne darauf näher einzugehen, *warum* diese fortgesetzte Division in immer besserer Näherung[12] φ ergibt, wollen wir ein Programm entwickeln, das diese Rechnung durchführt.

---

[11] Die Teilung einer Strecke in einer solchen Weise, daß sich die ganze Strecke zur größeren Teilstrecke ebenso verhält, wie die größere zur kleineren Teilstrecke.

[12] φ ist eine „irrationale" Zahl, d. h. sie läßt sich nicht mit endlich vielen

Die gröbste Näherung (Kettenbruch, schon nach einer Division abgebrochen) ergibt sich offenbar als

$$\varphi \approx 1 + \frac{1}{1} \qquad (= 2) \qquad\qquad (1)$$

Eine Stufe besser ist schon

$$\varphi \approx 1 + \cfrac{1}{1 + \cfrac{1}{1}} \qquad (= 1.5) \qquad\qquad (2)$$

Noch genauer wird es mit drei Divisionen:

$$\varphi \approx 1 + \cfrac{1}{1 + \cfrac{1}{1 + \cfrac{1}{1}}} \qquad (= 1.666\ldots) \qquad (3)$$

Man erkennt den Ablauf ganz deutlich. Und mit jeder zusätzlichen Division wird das Ergebnis genauer.

Um diesen Rechenvorgang durchzuführen, beginnen wir wieder bei (1):

```
01    1              000   01   1
02    1/X            001   35   1/X
03    1              002   85   +
04    +              003   01   1
                     004   95   =
                     005   91   R/S
```

bei (2) ergibt sich:

```
01    1              000   01   1
02    1/X  ⎫         001   35   1/X ⎫
03    1    ⎬         002   85   +   ⎬
04    +    ⎭         003   01   1   ⎪
05    1/X  ⎫         004   95   =   ⎭
06    1    ⎬         005   35   1/X ⎫
07    +    ⎭         006   85   +   ⎬
                     007   01   1   ⎪
                     008   95   =   ⎭
                     009   91   R/S
```

Dezimalstellen oder als periodische Dezimalzahl aufschreiben. Man muß sich also mit einer guten Näherung begnügen. Auf 10 Stellen genau ist der Wert von φ gleich 1.618033989.

und für (3):

```
01   1              000   01  1
02   1/X            001   35  1/X
                    002   85  +
03   1              003   01  1
04   +             004   95  =
05   1/X            005   35  1/X
                    006   85  +
06   1              007   01  1
07   +             008   95  =
08   1/X            009   35  1/X
                    010   85  +
09   1              011   01  1
10   +             012   95  =
                    013   91  R/S
```

Haben Sie alles an Ihrem Rechner nachvollzogen ? Dann
haben Sie es sicher schon heraus: zu wiederholen (bei (3) zweimal,
bei (2) einmal und bei (1) Null mal) ist der Teil

```
1/X                000   35  1/X
1                  001   85  +
                   002   01  1
+                  003   95  =
```

eine typische *Schleife*. Hier zunächst einmal von Hand aus immer
wieder eingetippt (weil wir bisher für eine „automatisch" ablau-
fende Schleife noch keine Endbedingung entwickelt haben und die
Schleife daher endlos ablaufen würde).

Als Anfangswert haben wir bei (1), (2) und (3) immer 1 genommen. In Wirklichkeit ist es aber so, daß die Wahl des Anfangs-
wertes überhaupt keinen Einfluß auf das Ergebnis hat. Der
Anfangswert muß nur größer 0 sein, damit bei den darauffolgenden Divisionen nie durch 0 dividiert wird. (Das ist auch der Grund,
warum diese Methode für den Rechner so geeignet ist. Man nennt
einen solchen Algorithmus „*stabil*". Näheres dazu in Kapitel 7 !)

Das Programm sieht also so aus:

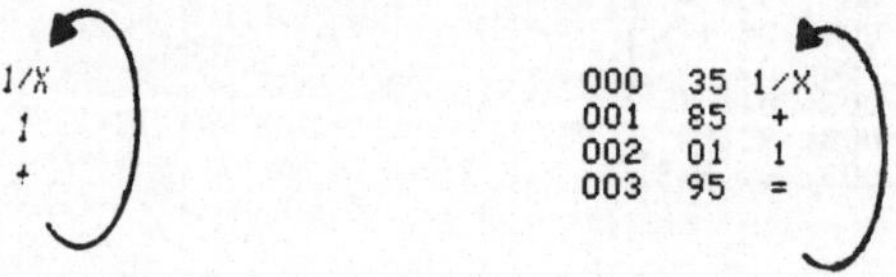

```
1/X                000   35  1/X
1                  001   85  +
                   002   01  1
+                  003   95  =
```

Der Pfeil symbolisiert dabei einen „Rücksprung", der durch [GTO]
an den Programmanfang programmiert wird. Um die Zwischenergebnisse nach jedem Schleifendurchlauf betrachten zu können,

muß der Programmablauf durch [PAUSE] oder [R/S] unterbrochen werden. (Bei druckenden Rechnern genügt [PRTx]). Nach dem ersten Schleifendurchlauf erscheint auf dem Display 2, die erste Näherung für φ, nach dem zweiten Schleifendurchlauf wird 1.5 angezeigt. Beim nächsten Mal 1.6666 .... und beim nächsten Mal 1.6. Nach 23 Durchläufen ändert sich das Ergebnis 1.618033999 nicht mehr. Die höchste Genauigkeit, die ein zehnstelliger Rechner erzielen kann, ist erreicht[13].

```
01 *LBL  25 14 01          000   76 LBL
02   1/X     25 54         001   11  A
03   1          01         002   35 1/X
04   +          41         003   85  +
05  PRTX        65         004   01  1
06  GTO1     14 01         005   95  =
                           006   99 PRT
                           007   61 GTO
                           008   11  A
```

```
2.000000000  ***            2.
1.500000000  ***            1.5
1.666666667  ***      1.666666667
1.600000000  ***            1.6
1.625000000  ***            1.625
1.615384615  ***      1.615384615
1.619047619  ***      1.619047619
1.617647059  ***      1.617647059
1.618181818  ***      1.618181818
1.617977528  ***      1.617977528
1.618055556  ***      1.618055556
1.618025751  ***      1.618025751
1.618037135  ***      1.618037135
1.618032787  ***      1.618032787
1.618034448  ***      1.618034448
1.618033813  ***      1.618033813
1.618034056  ***      1.618034056
1.618033963  ***      1.618033963
1.618033999  ***      1.618033999
```

Programm 2.1

Den mathematisch interessierten Leser wird es nicht verwundern, daß sich die Beziehung

$$\varphi = 1 + \frac{1}{\varphi}$$

---

[13] Bei Rechnern mit mehr oder weniger Stellen sind dafür entsprechend mehr oder weniger Durchläufe erforderlich.

auch in der Form

$$\varphi = \sqrt{1 + \varphi}$$

anschreiben läßt, woraus die Formel

$$\varphi = \sqrt{1 + \sqrt{1 + \sqrt{\cdots}}}$$

zur Berechnung von φ gewonnen werden kann.

Diese Formel läßt sich genauso leicht programmieren. Das Programm lautet

```
01 *LBL1 25 14 01            000   76  LBL
02   1        01             001   11   A
03   +        41             002   85   +
04   √X    16 53             003   01   1
05  PRTX       65            004   95   =
06  GTO1    14 01            005   34  √X
                             006   99  PRT
                             007   61  GTO
                             008   11   A


1.000000000  ***                     1.
1.414213562  ***             1.414213562
1.553773974  ***             1.553773974
1.598053182  ***             1.598053182
1.611847754  ***             1.611847754
1.616121206  ***             1.616121207
1.617442798  ***             1.617442799
1.617851290  ***             1.617851291
1.617977531  ***             1.617977531
1.618016542  ***             1.618016542
1.618028597  ***             1.618028597
1.618032323  ***             1.618032323
1.618033474  ***             1.618033474
1.618033830  ***              1.61803383
1.618033940  ***              1.61803394
1.618033974  ***             1.618033974
1.618033984  ***             1.618033984
1.618033987  ***             1.618033987
1.618033988  ***             1.618033988
1.618033989  ***             1.618033989
```

Programm 2.2

Der Wert von φ läßt sich hiermit sogar in einer geringeren Anzahl von Rechenschritten ermitteln.

Beispiel   Wir wollen gleich eine zweite, etwas kompliziertere Aufgabe lösen.

Die Glieder der Folge:

Fibonacci
Folge

$$1\ \ 1\ \ 2\ \ 3\ \ 5\ \ 8\ \ 13\ \ldots$$

sollen berechnet werden. Diese Zahlenfolge wurde im Jahre 1202 vom italienischen Mathematiker Leonardo von Pisa, genannt Fibonacci, entdeckt und wird seither als Fibonacci-Folge bezeichnet. Ursprünglich wurde die Folge zur Lösung der berühmten „Kaninchenaufgabe" verwendet. Die Glieder der Folge entsprechen nämlich der Anzahl von Kaninchenpärchen in den einzelnen Monaten, wenn man annimmt, daß jedes Elternpaar — nachdem es ein Alter von 2 Monaten erreicht hat und danach jeden weiteren Monat — ein junges Kaninchenpaar zur Welt bringt.

Beginnt man im ersten Monat mit einem neugeborenen Kaninchenpaar, so wirft dieses nach 2 Monaten erstmalig ein weiteres Kaninchenpaar. Die Anzahl der Pärchen ist daher im ersten Monat 1, im zweiten Monat 1 und im dritten Monat 2. Im vierten Monat kommt ein weiteres junges Pärchen zur Welt, es gibt daher insgesamt 3 Pärchen. Im fünften Monat bekommt die „zweite Generation" erstmalig Nachwuchs usw.

Interessant ist, daß sich jedes Glied der Fibonacci-Folge als Summe der beiden vorhergehenden Glieder berechnen läßt.

Das folgende einfache Programm kann zur Berechnung der Folge herangezogen werden:

```
01 *LBL' 25 14 01
02  LSTX     16 63
03  X⇄Y         11
04    +         41
05  PRTX        65
06  GTO1     14 01
```

```
    1. ***          99. ***
    1. ***         144. ***
    2. ***         233. ***
    3. ***         377. ***
    5. ***         610. ***
    8. ***         987. ***
   13. ***        1597. ***
   21. ***        2584. ***
   34. ***        4181. ***
   55. ***        6765. ***
                 10946. ***
                 17711. ***
                 28657. ***
```

```
000  76 LBL
001  11  A
002  43 RCL
003  01  01
004  99 PRT
005  85  +
006  43 RCL
007  02  02
008  42 STO
009  01  01
010  95  =
011  42 STO
012  02  02
013  61 GTO
014  11  A
```

```
    1.                21.
    1.                34.
    2.                55.
    3.                89.
    5.               144.
    8.               233.
   13.               377.
                     610.
                     987.
                    1597.
                    2584.
                    4181.
                    6765.
                   10946.
                   17711.
                   28657.
```

Programm 2.3

Bei jedem Schleifendurchlauf erscheint dann ein Glied der Fibonacci-Folge !

Verblüffend ist nicht nur, wie einfach unsere ersten beiden Programme gelungen sind, sondern auch ihre enge Beziehung zueinander. Dividiert man nämlich die beiden letzten Glieder der Fibonacci-Folge

```
        LSTX                        0.      RCL
          ÷                                   2
1.61803390  ***                  46368.
                                 46368.       ÷
                                 46368.      RCL
                                               1
                                 28657.
                                 28657.       =
                              1.618033988
```

Programm 2.4

so erhält man einen Zahlenwert, der dem φ umso näher kommt, je größer die Fibonacci-Zahlen sind. Das Verhältnis des goldenen Schnittes manifestiert sich also auch im natürlichen Wachstum und kommt zum Beispiel auch in den Proportionen mancher Blüten zum Ausdruck. Interessant, welchen Einblick uns der Taschenrechner bietet, nicht ?

Haben Sie Lust auf ein weiteres Beispiel ? Bitte gerne. Und ganz aus der Praxis: Berechnung von Zinseszinsen.

Beispiel Zinseszinsen   Die Eingabe soll aus dem Zinssatz und dem Kapital bestehen, nach jedem Schleifendurchlauf soll das aufgezinste Kapital nach je einer weiteren Zinsperiode angezeigt werden.

Versuchen Sie es ruhig selbst. Als Anregung mag Ihnen dienen, daß es praktisch ist, den Aufzinsungsfaktor in einer Zelle des Datenspeichers abzulegen und bei Bedarf dort abzuholen.

Funktioniert Ihre Lösung ? Gratulation ! Vergleichen Sie sie einmal mit unserer:

1) Eingabe des Zinsatzes
2) Dividieren durch 100
3) Addieren von 1
4) Wegspeichern des errechneten Aufzinsungsfaktors
5) Eingabe des Kapitals
6) Abholen des Aufzinsungsfaktors
7) Multiplizieren mit dem Kapital
8) Ergebnis ablesen
9) Falls noch eine Zinsperiode gewünscht, geht es bei Punkt 6 weiter.

```
01 *LBL1 25 14 01          000  76 LBL
02   1        01           001  11  A
03   0        00           002  55  ÷
04   0        00           003  01  1
05   ÷        61           004  00  0
06   1        01           005  00  0
07   +        41           006  85  +
08 STO1    45 01           007  01  1
09  R/S       64           008  95  =
10 *LBL2 25 14 02          009  42 STD
11 RCL1    55 01           010  01  01
12   x        51           011  91 R/S
13 PRTX       65           012  76 LBL
14  R/S       64           013  12  B
15 GTO2    14 02           014  65  ×
                           015  43 RCL
                           016  01  01
                           017  95  =
                           018  66 PAU
                           019  99 PRT
                           020  61 GTO
                           021  12  B


        8.35                       8.35

     1000.00  ***            1000.00
     1083.50  ***            1083.50
     1173.97  ***            1173.97
     1272.00  ***            1272.00
     1378.21  ***            1378.21
     1493.29  ***            1493.29
     1617.98  ***            1617.98
     1753.08  ***            1753.08
     1899.47  ***            1899.47
     2058.07  ***            2058.07
```

Programm 2.5

Probieren Sie das Programm aus ! Nach Eingeben des Zinssatzes
und Starten des Programmes bleibt der Rechner bei $\boxed{\text{R/S}}$ stehen.
Eingabe des Kapitals, $\boxed{\text{R/S}}$! Schon haben Sie das Ergebnis: Kapital
bei soundsoviel Prozent Zinseszinsen nach einem Jahr ! Und bei
jedem weiteren Drücken der Taste $\boxed{\text{R/S}}$ bekommen Sie den Betrag
nach jedem weiteren Jahr (oder wie lange die Zinsperiode eben ist).

Anstatt der Berechnung von Aufzinsungsfaktoren können die
Zinsen auch mittels der %-Taste (falls vorhanden) berechnet und
zum Kapital dazugeschlagen werden:

```
01 *LBL1 25 14 01    07   +       41        8.35  ***        1378.21 ***
02 STO1    45 01     08 PRTX      65                         1493.29 ***
03  R/S       64     09  R/S      64      1000.00            1617.98 ***
04 *LBL2 25 14 02    10 GTO2   14 02      1083.50 ***        1753.08 ***
05 RCL1    55 01                          1173.97 ***        1899.47 ***
06   %     25 11                          1272.00 ***        2058.07 ***
```

Vielleicht haben Sie eine andere Lösung ausgeknobelt: ohne Datenspeicher, alles im Stapel[14]. Etwa so:

```
01 *LBL1 25 14 01              8.35
02    1      01
03    0      00            1000.00  ***
04    0      00            1083.50  ***
05    ÷      61            1173.97  ***
06    1      01            1272.00  ***
07    +      41            1378.21  ***
08  ENT↑     21            1492.29  ***
09  ENT↑     21            1617.99  ***
10  R/S      64            1753.08  ***
11 *LBL2 25 14 02          1899.47  ***
12    x      51            2058.07  ***
13  PRTX     65
14  R/S      64
15  GTO2    14 02
```

Wieso zweimal hintereinander ENTER↑ ? Betrachten wir den Ablauf im Stapel (nehmen wir an, er hätte 4 Elemente):

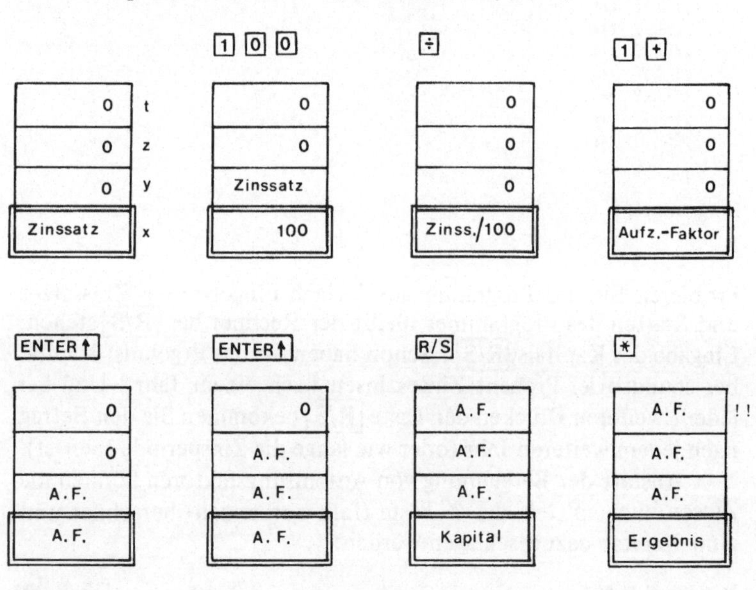

Abb. 2.1

---

[14] Diese Variante funktioniert daher nur bei Postfix-Rechnern.

Wenn der gesamte Stapel „bis oben hin" mit dem Wert „Aufzinsungsfaktor" $\left(= 1 + \dfrac{\text{Zinssatz}}{100} \right)$ gefüllt ist, wird das Register t, wie Sie sich erinnern, bei jeder Operation (hier *) mit den Operanden x und y beim „Nachuntenrücken" der Registerinhalte mit seinem alten Wert versorgt ! Es rücken ständig „von oben" Aufzinsungsfaktoren nach (entsprechend dem $\boxed{\text{RCL}}$ der ersten Variante), wie viele Durchläufe durch die Schleife Sie auch durchführen ! Ein wenig trickreich, ja. Aber die Programme, die „alles im Stapel machen", sind nun einmal so. Und niemand zwingt Sie, die zweite Variante vorzuziehen.

3. Wie man es nicht machen soll
(Ein kompliziertes[15] Beispiel)

Unter einem „*Polynom n-ten Grades in x*" versteht man einen Ausdruck der Form

$$a_0 + a_1 x + a_2 x^2 + a_3 x^3 + a_4 x^4 + \ldots + a_{n-1} x^{n-1} + a_n x^n = \sum_{i=0}^{n} a_i x^i$$

Die a_i (i = 1 . . . n) sind dabei Konstante (die sogenannten Koeffizienten des Polynoms), x heißt Variable. Man sieht, daß x in verschiedenen Potenzen vorkommt: die niedrigste ist die nullte ($x^0 = 1$, egal wie groß x ist), die höchste ist n, der *Grad* des Polynoms. Es müssen nicht alle Exponenten zwischen 0 und n vertreten sein, das heißt, manche der Koeffizienten können gleich Null sein.

Horner-Schema Als „Wert des Polynoms an einer Stelle x" bezeichnet man den Zahlenwert, der sich ergibt, wenn man den Ausdruck für ein bestimmtes x auswertet (die Koeffizienten sind stets vorgegeben). Um den Wert eines Polynoms an einer Stelle durch ein Programm zu ermitteln, bedient man sich am besten der folgenden Umformung („*Horner-Schema*"):

$$a_0 + a_1 x + a_2 x^2 + a_3 x^3 + a_4 x^4 + \ldots + a_{n-1} x^{n-1} + a_n x^n =$$
$$= ((\ldots ((a_n x + a_{n-1}) x + a_{n-2}) x + \ldots + a_2) x + a_1) x + a_0.$$

Die beiden Zeilen sind gleichwertig, wovon man sich durch Ausmultiplizieren der zweiten (beispielsweise für n = 5) leicht überzeugen kann.

---

[15] Das Beispiel soll Sie von einer unsystematischen Programmentwicklung abschrecken. Wenn Sie sich also nicht zurechtfinden, können Sie ohne schlechtes Gewissen bei Kapitel 4 weiterlesen.

Dieser letztere Ausdruck läßt sich auf einem Postfix-Rechner relativ leicht programmieren: Es ist immer wieder (d. h. in einer Schleife) das bisherige Zwischenergebnis mit x zu multiplizieren und zu diesem Produkt der Koeffizient mit der nächstniedrigeren Nummer zu addieren. In jedem Schleifendurchlauf muß in einer $\boxed{\text{R/S}}$ -Position der entsprechende Koeffizient eingetastet werden, danach steht er im Register x. Nehmen wir vorerst an, zu diesem Zeitpunkt (der Eingabe des i-ten Koeffizienten) stünde im Register y das bisherige Zwischenergebnis (abgekürzt BZE) und in den beiden Registern z und t jeweils der Wert x:

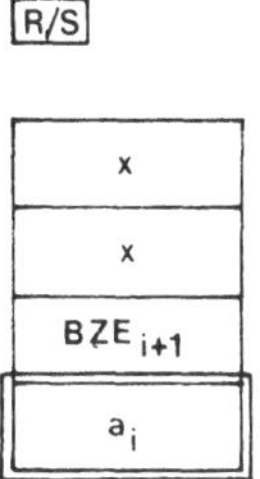

Abb. 3.1

Wenn wir BZE$_{i+1}$ mit x multiplizieren wollen, müssen wir die beiden Operanden in die Register x und y schaffen. Dies aber, ohne den eben eingetasteten Wert a$_i$ zu verlieren. Wie das geht ? Richtig, $\boxed{\text{R}\downarrow}$, also kreisförmiges Vertauschen der Registerinhalte:

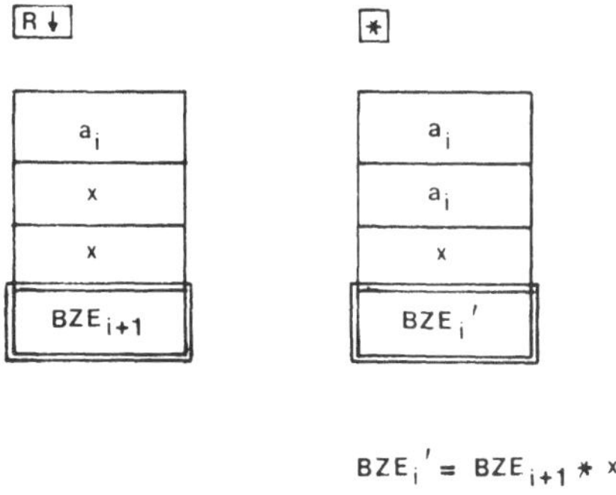

$$BZE_i' = BZE_{i+1} * x$$

Abb. 3.2

4 Schauer/Barta, Methoden der Programmierung

Als nächstes wollen wir a_i zum bisherigen Ergebnis addieren; anschließend soll wieder der Zustand von Abb. 3.2 hergestellt werden (mit BZE_i statt BZE_{i+1}), damit der nächste Koeffizient a_{i-1} eingetastet werden kann und das ganze von vorne beginnen kann. Die folgende Befehlsfolge leistet das Gewünschte:

```
03   X≷Y      11
04   ENT↑     21
05   R↓       12
06   R↓       12
07   +        41
```

Da dies keineswegs unmittelbar einsichtig ist, ein Blick auf die Register nach jedem Tastendruck:

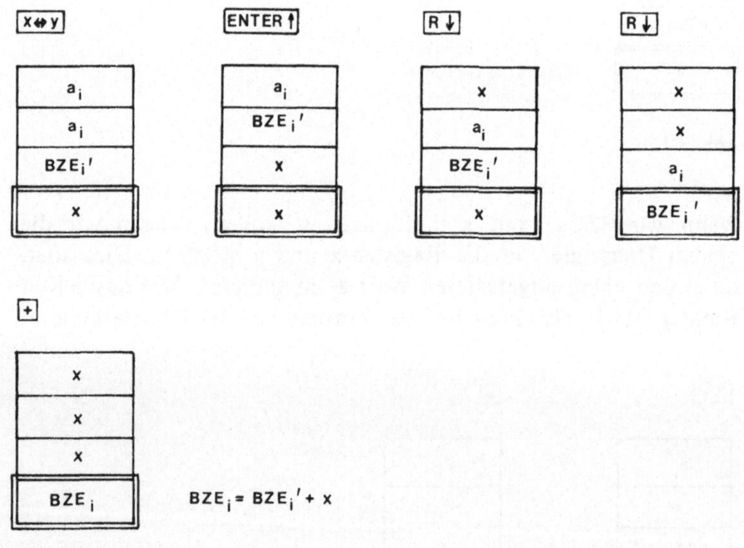

Abb. 3.3

Läuft das Programm nun auf einen $\boxed{R/S}$ -Befehl, bei dem der nächste Koeffizient a_{i-1} eingetippt wird, so sieht der Stapel aus wie folgt:

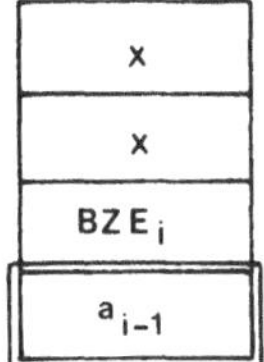

Abb. 3.4

Und Abb. 3.4 ähnelt Abb. 3.1 zum Verwechseln, das heißt, der nächste Durchlauf kann beginnen !

Die Anfangsstellung (vor dem ersten Schleifendurchlauf) muß dann so aussehen:

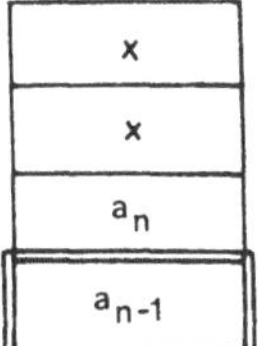

Abb. 3.5

Denn a_n kann. als ,,allererstes Zwischenergebnis" angesehen werden; schließlich wird es ja anschließend mit x multipliziert, dann a_{n-1} addiert usw. Der Zustand von Abb. 3.5 kann erreicht werden durch:

1) Eingabe von x
2) ENTER↑
3) ENTER↑
4) Eingabe von a_n
5) ENTER↑
6) Eingabe von a_{n-1}

Programm 3.1

4*

wovon man sich durch Aufzeichnen der Registerinhalte nach jedem der sechs Schritte überzeugen möge. Danach ist alles fertig zum ersten Schleifendurchlauf. Das gesamte Programm sieht also so aus:

```
01 *LBL1  25 14 01
02 ENT↑          21
03 ENT↑          21
04  P/S          64
05 *LBL2  25 14 02
06  R/S          64
07  R↓           12
08   x           51
09  X≷Y          11
10 ENT↑          21
11  R↓           12
12  R↓           12
13   +           41
14 GT02       14 02
```

Programm 3.2

Vollziehen Sie, lieber Leser, das Programm ruhig nach ! Nehmen Sie etwa an a_0 sei 2, $a_1 = 3$, $a_2 = -1$ und $a_3 = 5$, das Polynom habe also die Form

$$2 + 3\,x - x^2 + 5\,x^3$$

oder

$$((5\,x - 1)\,x + 3)\,x + 2.$$

Berechnen Sie den Wert dieses Polynoms an den Stellen 2, -1 und 0. Die Ergebnisse müssen 44, -7 und 2 sein.

Natürlich ist auch eine Variante mit Zugriff auf den Datenspeicher (für den Zahlenwert von x) möglich. Das bisherige Zwischenergebnis wird man sinnvollerweise immer im Stapel lassen. Befindet sich der Wert von x etwa in Zelle 1, so lautet der Schleifenteil dann

```
01 *LBL1  25 14 01    000  76 LBL    009  65  x      018  91 R/S
02  R/S          64   001  11  A     010  43 RCL     019  48 EXC
03  X≷Y          11   002  42 STO    011  01  01     020  00  00
04 RCL1       55 01   003  00  00    012  85  +      021  61 GTO
05   x           51   004  91 R/S    013  43 RCL     022  12  B
06   +           41   005  48 EXC    014  00  00
07 GT01       14 01   006  00  00    015  95  =
                      007  76 LBL    016  42 STO
                      008  12  B     017  00  00
```

Programm 3.3

Der Inhalt des Stapels ist nach den einzelnen Befehlen

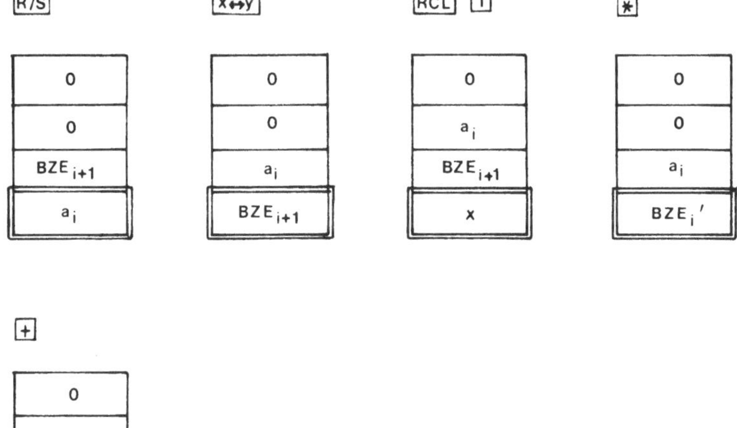

Abb. 3.6

Danach steht also das bisherige (Zwischen-)Ergebnis im Display und ein eventueller weiterer Schleifendurchlauf kann mit der Eingabe von a_{i-2} bei Befehl $\boxed{R/S}$ am Schleifenbeginn gestartet werden.

Bitte probieren Sie auch dieses Programm auf Ihrem Rechner aus; verwenden Sie dazu am besten dieselben Angaben wie bei der ersten Variante.

Möglicherweise werden Sie jetzt, nachdem Sie sich mühsam in die Logik dieses Programms eingearbeitet haben, sagen: Schön und gut, es funtioniert; aber wie kommt man auf so eine ausgetüftelte Lösung ? Wenn Sie so denken, haben Sie die Lektion dieses Kapitels verstanden:

Ist die zu programmierende Aufgabe auch nur ein bißchen komplizierter, also nicht völlig trivial, kann niemand das „Programm einfach so aus dem Kopf" hinschreiben.

Die eine Möglichkeit wäre *probieren:* geht's so nicht, dann vielleicht anders. Oder doch eher noch anders ?

In diesem Buch wollen wir Ihnen die zweite Möglichkeit aufzeigen: das *systematische Vorgehen*, wie es gute Programmierer auch bei umfangreichen Programmen für Großrechenanlagen machen.

4. Das Innenleben von Programmen (Programmstrukturen)

Bevor man daran geht, ein Programm zu schreiben, empfiehlt es sich dringend, die Aufgabenstellung *schriftlich* festzuhalten. Nichts führt zu so schlampigen und ineffektiven Programmen, wie die Arbeit nach einer vagen Vorstellung davon, was das Programm können soll.

Als erstes gilt es, das zu lösende Problem einer Analyse zu unterwerfen. Was soll berechnet werden ? Welche Formeln, welche Rechenmethoden gibt es dazu ? Welche Sonderfälle müssen berücksichtigt werden ? Wie allgemein verwendbar soll das Programm sein ? Drücken Sie sich nicht vor der Beantwortung dieser und ähnlicher Fragen. Programmierer von Großrechenanlagen arbeiten üblicherweise nach einem *,,Pflichtenheft''*, das unter anderem folgendes enthält:

- Zweck und Funktion des Verfahrens
- Beschreibung der Eingabedaten
  (Zahlenbereich, Genauigkeit usw.)
- Anforderungen an das Programm (Genauigkeit, Rundungsvorschriften, Kontrollen, Sonderfallbehandlung usw.)
- Beschreibung der Ausgabedaten (Bedeutung, Format usw.)

Natürlich wird man bei einem Taschenrechner-Programm nicht so streng vorgehen, aber als Anhaltspunkt ist die obige Liste gut geeignet.

Als nächstes erfolgt die Erstellung eines Grobkonzeptes, das den gewählten Lösungsweg bereits erkennen läßt, aber auf alle Details verzichtet. Dieser Entwurf wird schließlich in Schritten verfeinert (s. Kapitel 5), bis das endgültige Programm entstanden ist. Für diesen Vorgang – Erstellen eines Grobentwurfes und schritt-

Strukto-
gramme

weise Verfeinerung – wurde eine eigene Symbolik, die sogenannten *Struktogramme*[16], entwickelt. Da sich Struktogramme besser
als alles andere zum systematischen Entwurf von Programmen
eigenen und äußerst leicht zu erlernen sind (es gibt nur vier verschiedene Symbole[17], die außerdem sehr einprägsam sind), wollen
wir Ihnen die Methode nun vorstellen.

Die vier erwähnten Symbole heißen „*Strukturblöcke*" und
dienen zur Darstellung der grundlegenden *Programmstrukturen*,
die Ihnen bereits aus dem ersten Kapitel ein Begriff sind: Sequenz,
Unterprogrammaufruf, Alternative, Wiederholung (Schleife).

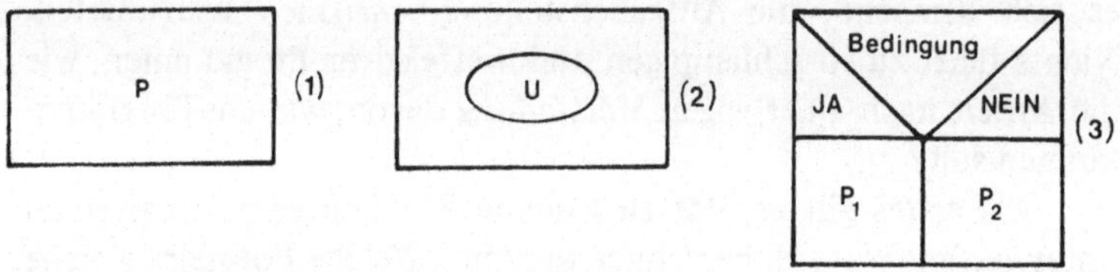

Abb. 4.1 a. (1) *Sequenz*, beliebiges Programmstück P (aus aufeinanderfolgenden Befehlen zusammengesetzt). (2) *Aufruf des Unterprogrammes* U.
(3) *Alternative* (sogenannte *if-then-else*-Struktur). Ist die *Bedingung*
erfüllt, wird das Programmstück P_1 (*then*-Zweig) ausgeführt, andernfalls
wird das Programmstück P_2 (*else*-Zweig) ausgeführt

Gelegentlich kann ein Zweig der Alternative leer bleiben. Eine
solche „*einseitige Alternative*" kann folgendermaßen dargestellt
werden:

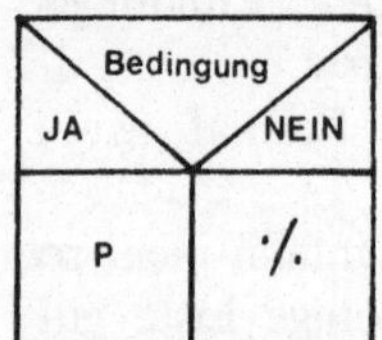

Abb. 4.1 b

---

[16] Auch nach Ihren Erfindern „*Nassi-Shneiderman-Diagramme*" genannt.
[17] Manchmal findet man noch weitere Symbole, die sich jedoch durch eine
Kombination der hier angegebenen Grundsymbole ersetzen lassen.

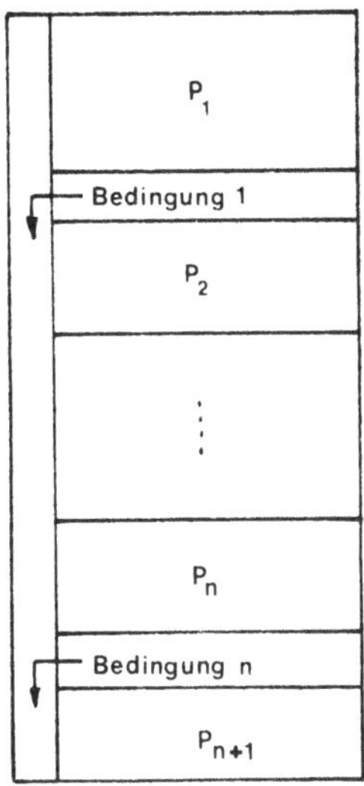

Abb. 4.1 c. *Schleife* mit mehreren Endbedingungen an beliebiger Stelle (sog. *cycle*-Schleife). Die Programmstücke P_i werden solange wiederholt, bis eine der Bedingungen zutrifft; dann erfolgt ein Abbruch der Schleife und das Programm wird mit dem darauffolgenden Strukturblock fortgesetzt

Häufig tritt die Schleife in zwei typischen Formen auf:

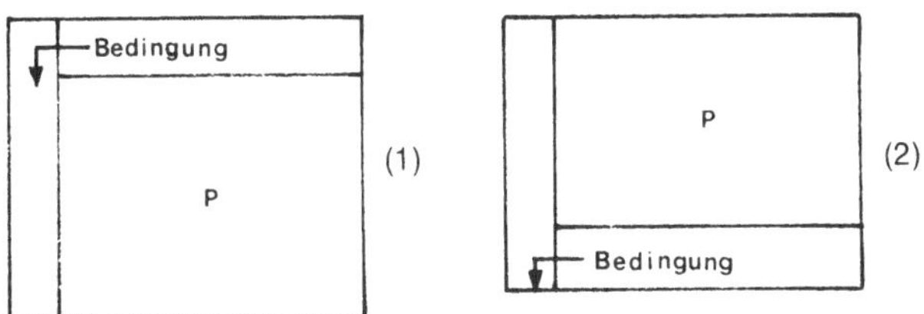

Abb. 4.1 d. (1) Schleife mit einer Abbruchbedingung am Anfang (*while*-Schleife). Das Programmstück P wird solange wiederholt, bis die Bedingung zutrifft. Ist die Bedingung schon vor Eintritt in die Schleife erfüllt, so wird das Programmstück P überhaupt nicht ausgeführt. (2) Schleife mit einer Abbruchbedingung am Ende (*until*-Schleife). Das Programmstück wird solange wiederholt, bis die Bedingung zutrifft. Das Programmstück P wird mindestens einmal ausgeführt, gleichgültig, ob die Bedingung schon vor Eintritt in die Schleife erfüllt ist oder nicht.

Aus diesen Strukturblöcken kann man nun Struktogramme (Programmen oder Programmteilen entsprechend) aufbauen, indem man sie

– entweder so aneinanderfügt, daß die *gesamte Unterkante* (= der Ausgang) eines Strukturblockes mit der *gesamten Oberkante* (= Eingang) eines anderen Strukturblockes zusammenfällt,
– oder in ein rechteckiges Feld eines Strukturblockes einen anderen Strukturblock (oder ein ganzes Struktogramm) hineinsetzt.

Dazu Beispiele (von oben nach unten zu lesen):

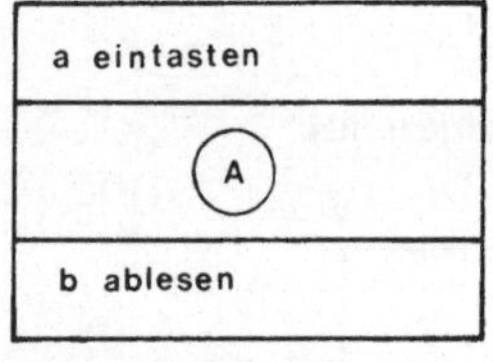

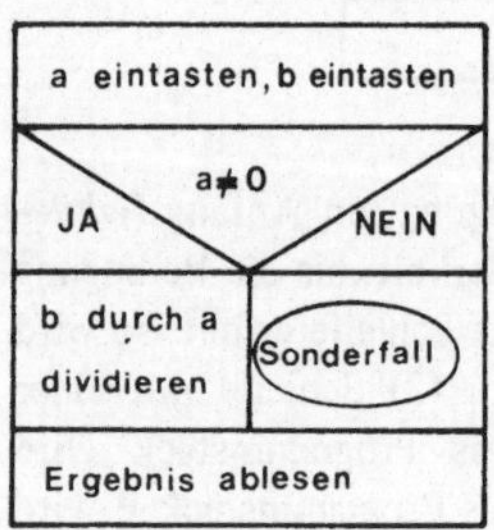

Abb. 4.2

Bisher wurde nur die erste Regel verwendet. Mit Hilfe der zweiten
Regel erhält man beliebig komplexe Struktogramme:

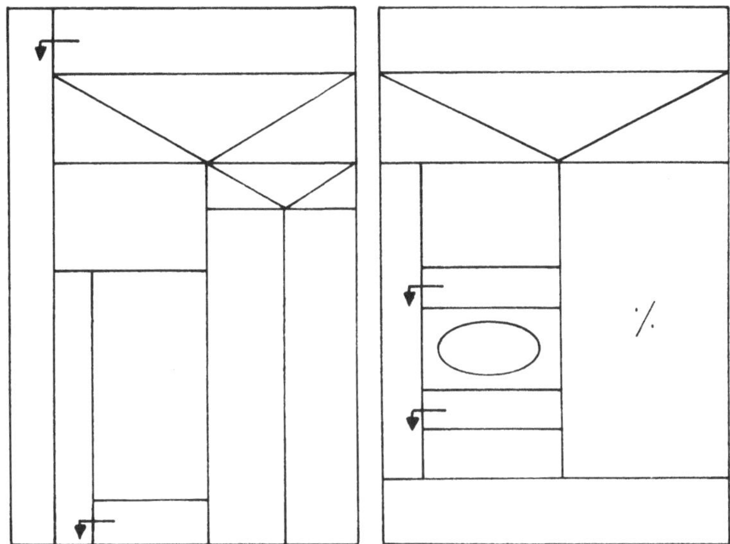

Abb. 4.3

Ist folgendes erlaubt ?

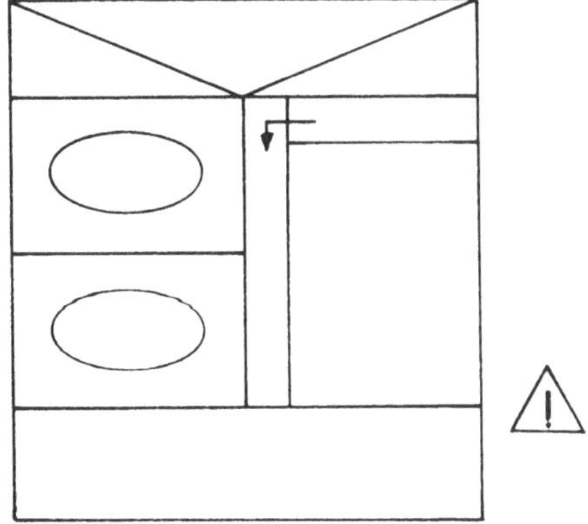

Abb. 4.4

Ja, denn die *gesamte* Ausgangskante der Alternative fällt mit der *gesamten* Eingangskante des folgenden „*Strukturblockes*" zusammen.

Und ist Abb. 4.5 ein zulässiges Struktogramm ?

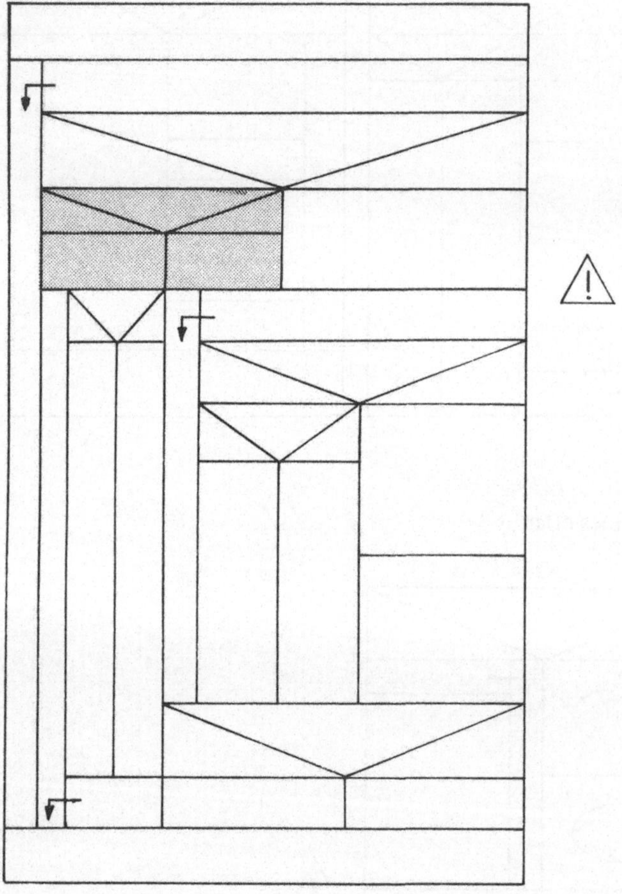

Abb. 4.5

Nein, natürlich nicht, da die Ausgangskante der schraffierten Alternative der ersten Bauvorschrift für Struktogramme widerspricht.

Das Beispiel

$$a * b + c$$

aus Kapitel 1 sieht als Struktogramm so aus:

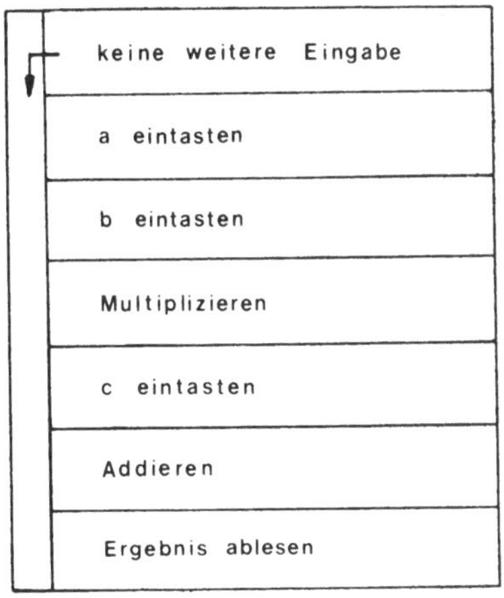

| keine weitere Eingabe |
| a eintasten |
| b eintasten |
| Multiplizieren |
| c eintasten |
| Addieren |
| Ergebnis ablesen |

Abb. 4.6

Natürlich wird man für eine so einfache Problemstellung nicht mit einem so schweren Geschütz auffahren. Wie ist das aber mit dem Beispiel

$$\frac{a + b}{a - b}$$

ebenfalls aus dem ersten Kapitel ?

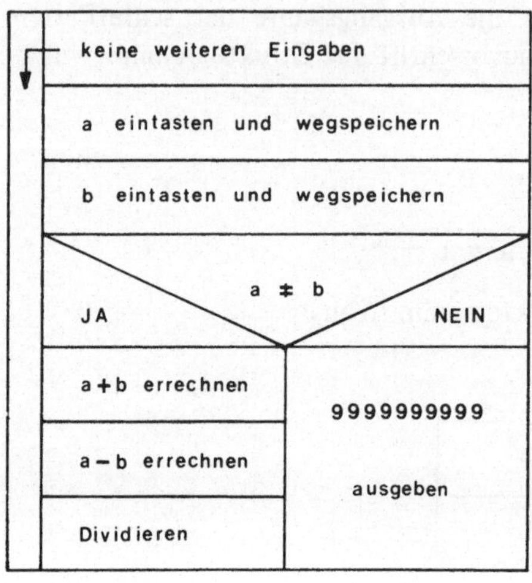

Abb. 4.7

Hier kann man eine Alternative einbauen, um die Division durch Null zu vermeiden (und statt dessen beispielsweise die größte darstellbare Zahl ausgeben).

Ob in den Strukturblöcken verbale Beschreibungen, mathematische Ausdrücke oder Tastatursymbole (oder Mischformen) stehen, kommt auf die Stufe der „Verfeinerung" im Laufe des Entwurfsprozesses an (s. nächstes Kapitel). Endziel des Vorganges ist jedenfalls ein Struktogramm, das so detailliert ist, daß es direkt in die Befehlsliste übersetzt werden kann. (Dies ist eine rein mechanische Arbeit, die auch ein Automat übernehmen könnte.) Man erkennt jedenfalls, daß der kreative Anteil des „Programmierens" mit der Erstellung eines detaillierten Struktogrammes abgeschlossen ist.

Auch dazu Beispiele: Aus dem Struktogramm

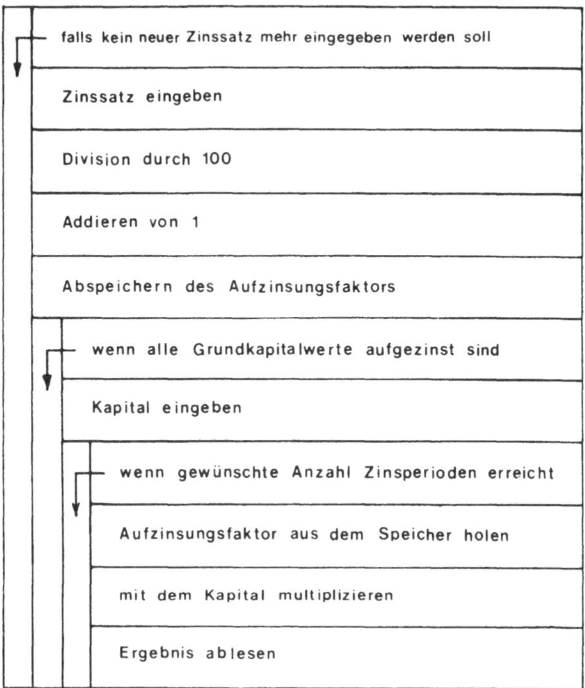

Abb. 4.8

mit seinen ineinander verschachtelten Schleifen läßt sich unmittelbar das Programm von Programm 2.5, das hier wiederholt wird,
gewinnen.

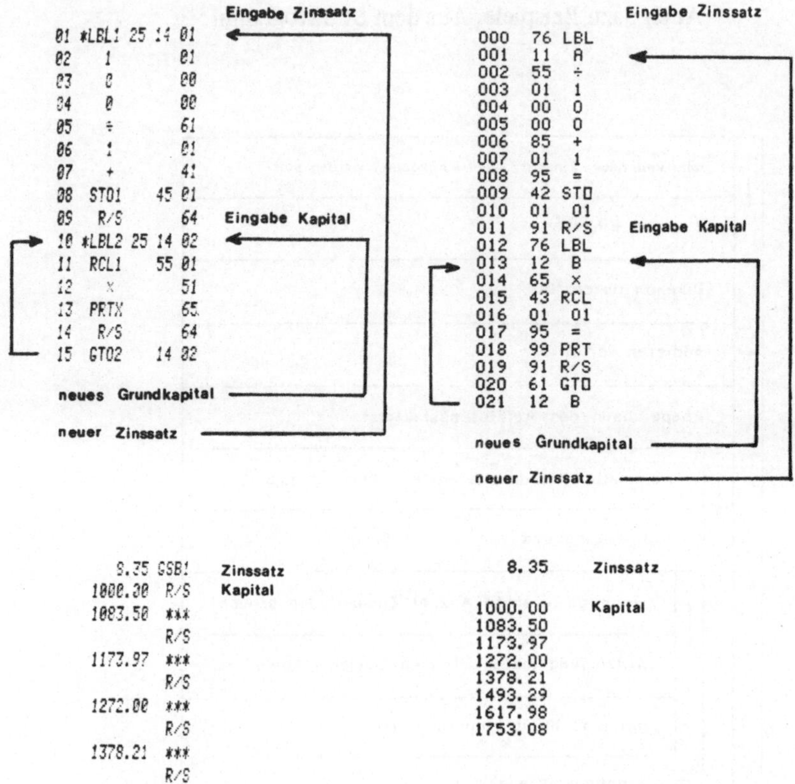

Programm 4.1

Beachten Sie bitte, daß die Steuerung der Anzahl der Durchläufe nur für die innerste Schleife (Zinsperioden) realisiert ist — und zwar händisch, durch fortgesetztes Drücken der R/S -Taste. Um die Schleife zu „automatisieren", wäre es erforderlich, die Anzahl der Zinsperioden ebenfalls einzugeben. Die innerste Schleife sähe dann so aus:

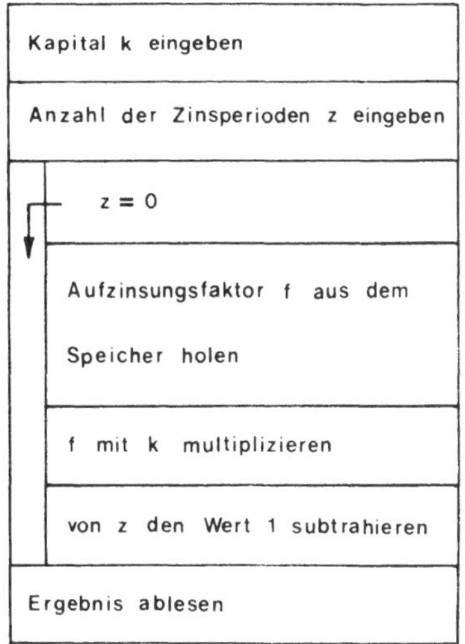

Abb. 4.9

Diese Schleife läuft von selbst z Durchläufe lang. Das Programm dazu sieht dann so aus (äußere Schleifen unverändert):

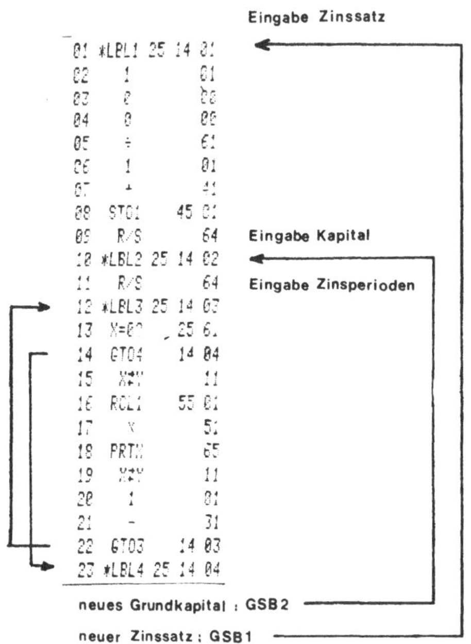

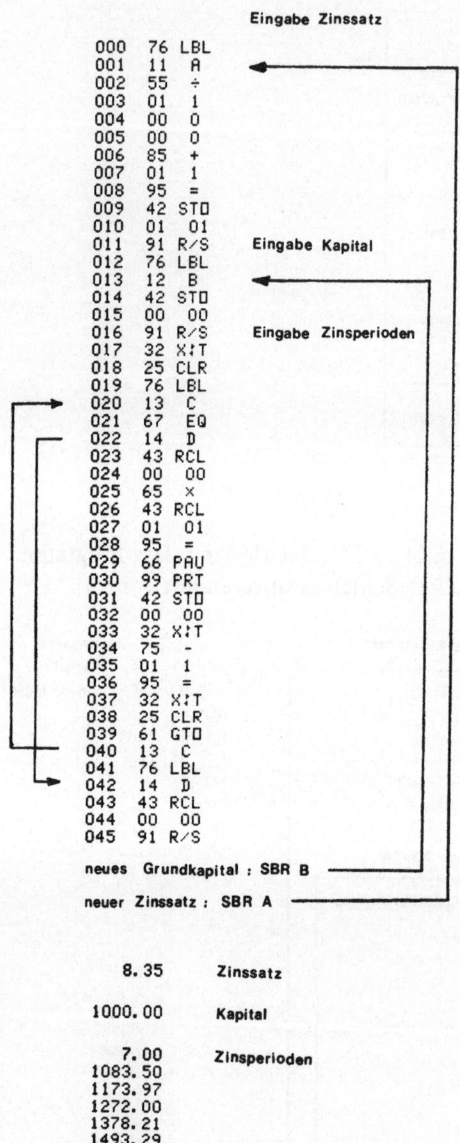
Eingabe Zinssatz
000   76 LBL
001   11 A
002   55 ÷
003   01 1
004   00 0
005   00 0
006   85 +
007   01 1
008   95 =
009   42 STO
010   01 01
011   91 R/S   Eingabe Kapital
012   76 LBL
013   12 B
014   42 STO
015   00 00
016   91 R/S   Eingabe Zinsperioden
017   32 X:T
018   25 CLR
019   76 LBL
020   13 C
021   67 EQ
022   14 D
023   43 RCL
024   00 00
025   65 ×
026   43 RCL
027   01 01
028   95 =
029   66 PAU
030   99 PRT
031   42 STO
032   00 00
033   32 X:T
034   75 -
035   01 1
036   95 =
037   32 X:T
038   25 CLR
039   61 GTO
040   13 C
041   76 LBL
042   14 D
043   43 RCL
044   00 00
045   91 R/S

neues Grundkapital : SBR B
neuer Zinssatz : SBR A

8.35   Zinssatz
1000.00   Kapital
7.00   Zinsperioden
1083.50
1173.97
1272.00
1378.21
1493.29
1617.98
1753.08

Programm 4.2

Die beiden $\boxed{x \leftrightarrow y}$ in der innersten Schleife dienen natürlich dazu,
daß nicht die Anzahl der Zinsperioden, sondern das Kapital k mit
dem Aufzinsungsfaktor f multipliziert wird:

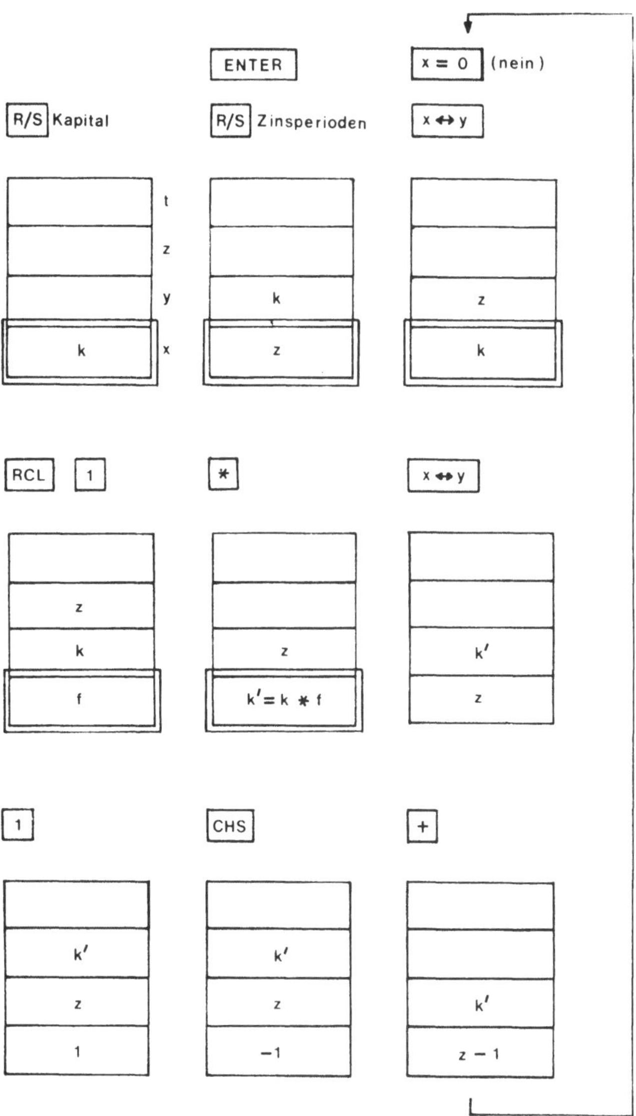

Abb. 4.10

Genauso könnte man die mittlere Schleife automatisieren, indem man auch die Anzahl der aufzuzinsenden Grundkapitalwerte eingibt. Das überlassen wir aber getrost Ihnen, lieber Leser (die äußerste Schleife ist dann „von selbst" automatisch, denn, der Befehl, der im Speicher unmittelbar nach dem letzten Programmbefehl steht, ist stets ein Sprung zum ersten Befehl des Programms).

Was wir hier mehr oder weniger zufällig getan haben, läßt sich ziemlich streng systematisieren: der Schritt vom detaillierten Struktogramm zum Maschinenprogramm kann für jede der vier Strukturblockarten (wie schön, daß es nicht mehr sind !) ein für alle Mal überlegt werden.

Die ersten beiden — Sequenz und Unterprogrammaufruf — bedürfen keiner ausführlichen Diskussion. Erstere wird einfach durch Aufeinanderfolge von einzelnen Befehlen realisiert, letzterer (soweit auf Ihrem Rechner vorgesehen) durch eine spezielle Taste.

Alternative Interessanter sind schon Alternative und Schleife. Auf den heute üblichen Rechnern läßt sich die Struktur

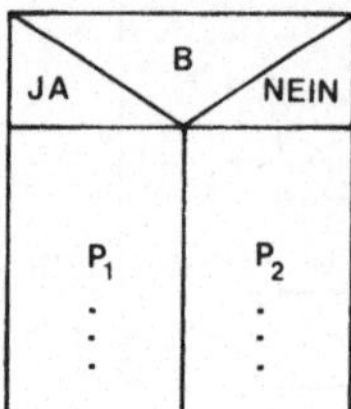

Abb. 4.11

wobei B eine Bedingung und P_1 und P_2 beliebige Programmteile sind, so auflösen:

Bedingung B ?
(nein): Springe nach (i)
(ja): P_1

   .
   .
   .

Springe nach (ii)

(i) P_2

   .
   .
   .

(ii)   (nächste Struktur)

Programm 4.3

Die eingeklammerten Zahlen (i) und (ii) stellen die Zellennummern der jeweiligen Befehle im Programmspeicher dar.

Ein Beispiel:

Es soll die größte Zahl ermittelt werden, die kleiner oder gleich einer eingetasteten Zahl ist. Dazu kann man die Taste INT (ganzzahliger Anteil) verwenden: **Beispiel „größtes Ganzes"**

INT von   4.3   ist   4
INT von   0.22   ist   0
INT von   17   ist   17
INT von −4.3   ist −4

Bei negativen Zahlen ist also nach dem Drücken der Taste INT noch 1 abzuziehen (da z. B. die größte ganze Zahl, die kleiner oder gleich −4.3 ist, gleich −5 ist !)
    Das Struktogramm wäre also:

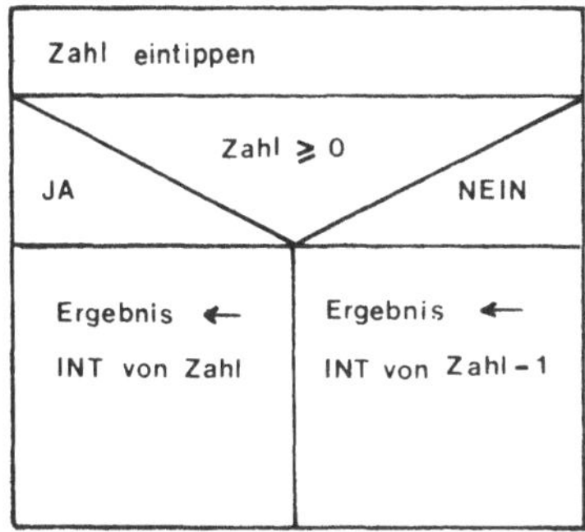

Abb. 4.12

Leider hat diese Lösung einen Schönheitsfehler: bei negativen ganzen Eingabewerten kommt als Ergebnis die nächstkleinere ganze Zahl heraus, anstatt wie es richtig wäre, die eingegebene Zahl. Es ist daher im Nein-Zweig noch eine Abfrage vorzusehen:

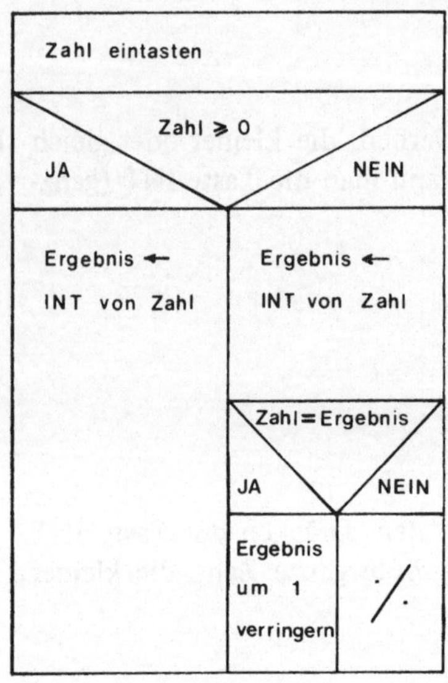

Abb. 4.13

Als Programm:

```
        Zahl eintasten
        Zahl = 0 ?
        (nein:) Springe nach (i)
        (ja:) Ergebnis = INT von Zahl setzen
        Springe nach (ii)
(i)     Ergebnis = INT von Zahl setzen
        Zahl = Ergebnis ?
        (nein:) Springe nach (ii)
        (ja:) Ergebnis um 1 vermindern
(ii)
```

```
01 *LBL1 25 14 01        000  76 LBL
02  X<0?    25 31        001  11  A
03  GTO2    14 02        002  32 X:T
04  INT     16 52        003  25 CLR
05  GTO3    14 03        004  32 X:T
06 *LBL2 25 14 02        005  22 INV
07  ENT↑       21        006  77 GE
08  INT     16 52        007  12  B
09  X=Y?    16 61        008  59 INT
10  GTO3    14 03        009  61 GTO
11   1        01         010  13  C
12   -        31         011  76 LBL
13 *LBL3 25 14 03        012  12  B
14  INT     16 52        013  65  ×
                         014  32 X:T
                         015  01  1
                         016  95  =
                         017  59 INT
                         018  67 EQ
                         019  13  C
                         020  75  -
                         021  01  1
        2.70 GSB1        022  95  =
        2.00 ***         023  76 LBL
                         024  13  C
                         025  59 INT
       -4.70 GSB1        026  91 R/S
       -5.00 ***

                             2.7
       -3.00 GSB1             2.

       -3.00 ***
                           -4.3
                           -5.


                           -3.
                           -3.
```

Programm 4.4

Bei manchen Rechnern gibt es da eine kleine Schwierigkeit. Nach der Abfrage einer Bedingung wird automatisch der nächste Befehl ausgeführt, wenn Sie erfüllt war, der übernächste, wenn sie nicht erfüllt war. Ein „Sprung bei nein" ist also unmöglich. Haben Sie einen solchen Rechner, so müssen Sie eben statt der Bedingung B die *„Umkehrbedingung"* ¬ B (zu lesen „nicht B") abfragen und können dann „bei ja" springen.

Beispiel:

Statt   „Zahl $\geqslant$ 0 ? Falls nein, springe nach (i)"
muß stehen „Zahl $<$ 0 ? Falls ja,   springe nach (i)"

Wie sehen die Umkehrbedingungen allgemein aus ?

Bedingung	Umkehrbedingung
$=$	$\neq$
$<$	$\geq$
$>$	$\leq$
$\neq$	$=$
$\leq$	$>$
$\geq$	$<$

Abb. 4.14

Man erkennt: die Umkehrbedingung der Umkehrbedingung ergibt die ursprüngliche Bedingung. Dies rechtfertigt den Gebrauch des Wortes „Umkehrung" auch für strenggläubige Mathematiker.

Falls der Nein-Zweig leer ist, vereinfacht sich das Programm auf folgende Struktur:

```
Bedingung B ?
(nein:) Springe nach (i)
(ja:) P
    .
    .
    .
(i)   (nächste Struktur)
```

Programm 4.5

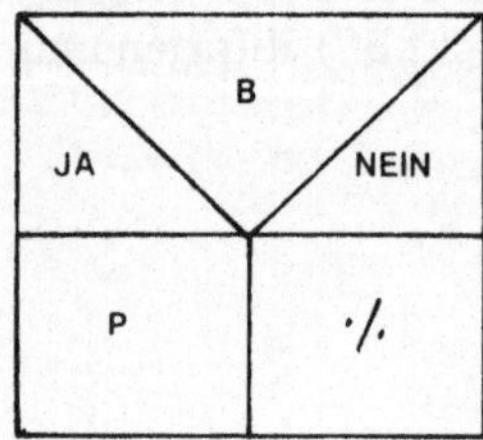

Abb. 4.15

Eine weitere Vereinfachung ist dann möglich, wenn der Nein-Zweig leer ist und der Ja-Zweig nur aus einem einzigen Befehl besteht. Sind die Befehle Ihres Rechners so ausgelegt, daß die Ausführung eines beliebigen Befehls (und nicht nur ein Sprung) von der Bedingung abhängig gemacht werden kann, so reduziert sich das Programm auf:

Bedingung B ?
(ja:) P
(nächste Struktur)

Programm 4.6

Im Beispiel „größtes Ganzes" (Programm 4.4) läßt sich die Berechnung von INT vor die Alternative setzen:

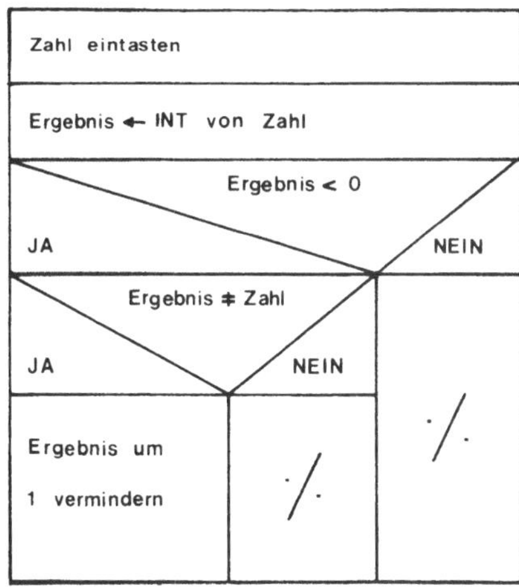

Abb. 4.16

Zahl eintasten
Ergebnis = INT von Zahl setzen
Ergebnis < 0 ?
(nein:) Springe nach (i)
(ja:) Ergebnis ≠ Zahl ?
     (nein:) Springe nach (i)
     (ja:)   Ergebnis um 1 vermindern
(i) . . . . .

```
21 *LBL1 25 14 01          2.70 GSB1        000   76  LBL        016  01   1
02  ENT↑       21          2.00  ***        001   11   A         017  95   =
03   INT    16 52                           002   32  X:T        018  76  LBL
04  X>0?    25 41         -4.30 GSB1        003   25  CLR        019  12   B
05  GTO2    14 02         -5.00  ***        004   32  X:T        020  91  R/S
06  X=Y?    16 61                           005   65   x
07  GTO2    14 02                           006   59  INT
08    1        01         -3.00 GSB1        007   77   GE          2.7
09    -        31         -3.00  ***        008   12   B           2.
10 *LBL2 25 14 02                           009   32  X:T
                                            010   01   1
                                            011   95   =         -4.3
                                            012   32  X:T        -5.
                                            013   67   EQ
                                            014   12   B         -3.
                                            015   75   -         -3.
```

Programm 4.7

Auf Grund mathematischer Zusammenhänge (der exakte Beweis
sei dem einschlägig interessierten Leser vorbehalten) läßt sich das
Struktogramm noch vereinfachen zu:

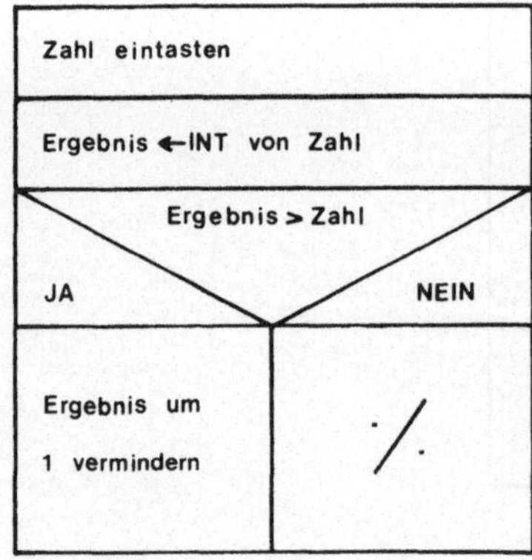

Abb. 4.17

Zahl eintasten
Ergebnis = INT von Zahl setzen
Ergebnis > Zahl ?
(nein:) Springe nach (i)
(ja:)   Ergebnis um 1 vermindern
(i) . . . . .

```
01 *LBL1 25 14 01          000  76 LBL
02  ENT↑       21          001  11  A
03   INT    16 52          002  65  ×
04  X≤Y?    16 31          003  59 INT
05  GTO2    14 02          004  32 X:T
06    1        01          005  01  1
07    -        31          006  95  =
08 *LBL2 25 14 02          007  77 GE
                           008  12  B
                           009  32 X:T
                           010  75  -
                           011  01  1
                           012  95  =
      2.70 GSB1            013  32 X:T
      2.00 ***             014  76 LBL
                           015  12  B
                           016  32 X:T
     -4.30 GSB1            017  91 R/S
     -5.00 ***
                                2.7
                                2.
     -3.00 GSB1
     -3.00 ***                 -4.3
                               -5.


                               -3.
                               -3.
```

Programm 4.8

An diesem Beispiel kann man sehen, daß mit Hilfe von Struktogrammen eine tiefere Einsicht in den Lösungsweg gewonnen werden kann, die wesentliche Vereinfachungen des Programms ermöglicht.

Anmerkung:
Dieses Programm kann nach einer kleinen Änderung auch zur Berechnung des gerundeten Eingabewertes verwendet werden. Es genügt, die eingegebene Zahl vor ihrer weiteren Verarbeitung um 0.5 zu erhöhen.

Runden

```
01 *LBL1 25 14 01     09    1        01      2.70 GSB1
02    .        63     10    -        31      3.00 ***
03    5        05     11 *LBL2 25 14 02
04    +        41                            -4.30 GSB1
05  ENT↑       21                            -4.00 ***
06   INT    16 52
07  X≤Y?    16 31                            -3.00 GSB1
08  GTO2    14 02                            -3.00 ***
```

```
000   76 LBL        011   77 GE          2.7
001   11  A         012   12  B           3.
002   85  +         013   32 X:T
003   93  .         014   75  -
004   05  5         015   01  1         -4.3
005   95  =         016   95  =          -4.
006   65  ×         017   32 X:T
007   59 INT        018   76 LBL        -3.
008   32 X:T        019   12  B         -3.
009   01  1         020   32 X:T
010   95  =         021   91 R/S
```

Schleifen   Das Schöne an einem Rechner ist freilich, daß er bereit ist, Programmteile, die der Programmierer nur einmal festzulegen braucht, beliebig oft zu wiederholen, ohne zu ermüden oder in seiner Aufmerksamkeit nachzulassen. So machtvoll dieses Instrument des Programmierens auch ist, so gefährlich können diese Schleifen allerdings sein. Erstens wegen der möglichen Endlosigkeit (ein häufiger Anfängerfehler) und zweitens, weil man sehr oft einen Durchlauf zuviel oder zuwenig programmiert, wodurch das Ergebnis natürlich vollkommen falsch sein kann.

Der allgemeine Fall einer *„cycle"*-Schleife

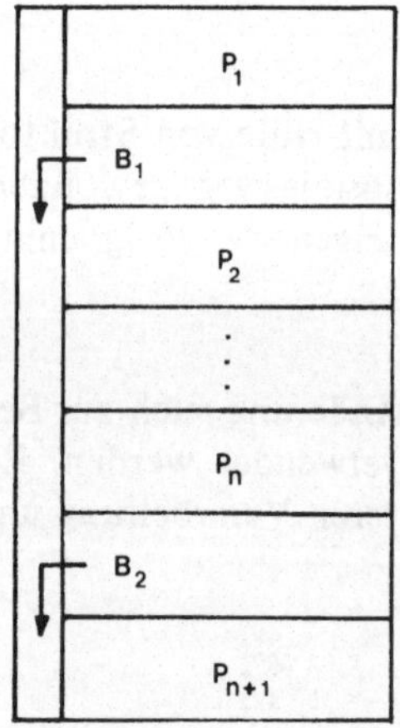

Abb. 4.18

wird so aufgelöst:

(i) P_1
       Bedingung B_1 ?
       (ja:) Springe nach (ii)
       P_2

       .
       .
       .

       P_n
       Bedingung B_n ?
       (ja:) Springe nach (ii)
       P_{n+1}
       Springe nach (i)
(ii)   (nächste Struktur)

Programm 4.9

Der Sonderfall der „*while*"-Schleife

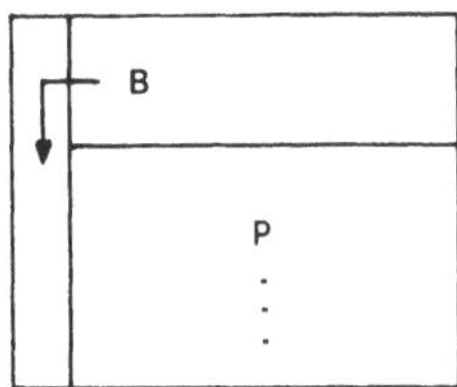

Abb. 4.19

kann genauso programmiert werden:

(i)   Bedingung B ?
       (ja:) Springe nach (ii)
       P

       .
       .
       .

       Springe nach (i)
(ii)   (nächste Struktur)

Programm 4.10

Beispiel Dazu ein Beispiel:
Zweier- Die kleinste ganzzahlige Zweierpotenz größer oder gleich der ein-
potenz getasteten positiven Zahl soll errechnet werden:

z. B. zu 12.34 ist das Ergebnis $16 = 2^4$
zu 1000 ist das Ergebnis $1024 = 2^{10}$
zu 32.0   ist das Ergebnis $32 = 2^5$

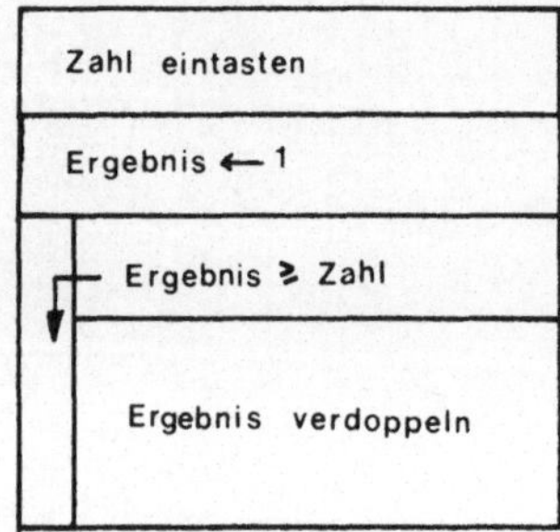

Abb. 4.20

```
          Zahl eintasten
          Ergebnis = 1 setzen
(i)       Ergebnis ≥ Zahl
          (ja:) Springe nach (ii)
          Ergebnis verdoppeln
          Springe nach (i)
(ii)      .....
```

```
01  *LBL1  25 14 01        12.34 GSB1       000   76 LBL        12.34
02    1         01         16.00  ***       001   11  A           16.
03  *LBL2  25 14 02      1000.00 GSB1       002   32  X:T       1000.
04   X=T        11        1024.00  ***      003   01  1         1024.
05   X≤Y?    16 31         32.00 GSB1       004   76 LBL          32.
06   GTO3    14 03         32.00  ***       005   12  B           32.
07   X:Y        11                          006   77 GE
08    2         02                          007   13  C
09    x         51                          008   65  ×
10   GTO2    14 02                          009   02  2
11  *LBL3  25 14 03                         010   95  =
12   X:Y        11                          011   61 GTO
13   PRTX       65                          012   12  B
                                            013   76 LBL
                                            014   13  C
                                            015   99 PRT
                                            016   91 R/S
```

Programm 4.11

Als Ersatz für die Abfrage x ≥ y, die auf manchen Rechnern nicht
verfügbar ist, kann man x und y vertauschen und x ≤ y abfragen.
Oder man fragt x > y und x = y hintereinander ab:

```
01 *LBL1 25 14 01        000   76 LBL
02    1        01        001   11  A
03 *LBL2 25 14 02        002   32 X:T
04   X>Y?    16 41       003   01  1
05  GT03    14 03        004   76 LBL
06  X=Y?    16 61        005   12  B
07  GT03    14 03        006   32 X:T
08    2        02        007   22 INV
09    x        51        008   77 GE
10  GT02    14 02        009   13  C
11 *LBL3 25 14 03        010   67 EQ
12  PRT:       65        011   13  C
                         012   32 X:T
                         013   65  x
                         014   02  2
      12.34 GSB1         015   95  =
      16.00  ***         016   61 GTO
    1000.00 GSB1         017   12  B
    1024.00  ***         018   76 LBL
      32.00 GSB1         019   13  C
      32.00  ***         020   32 X:T
                         021   99 PRT
                         022   91 R/S

                           12.34
                           16.
                         1000.
                         1024.
                           32.
                           32.
```

Programm 4.12

Bei der „*until*"-Schleife kann ein Sprung eingespart werden:

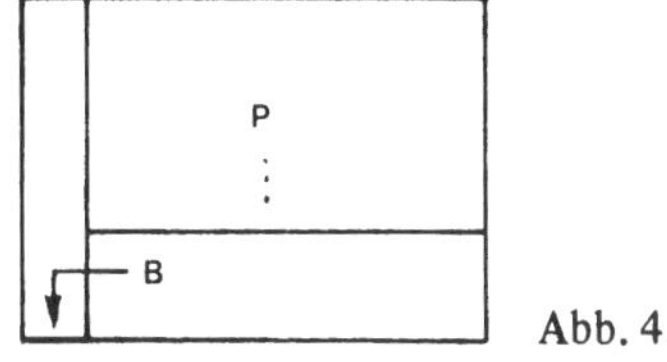

Abb. 4.21

(i) P

.

.

.

Bedingung B ?
(nein:) Springe nach (i)
(nächste Struktur)

Programm 4.13

Das letzte Beispiel liefert für Zahlen zwischen 0 und 1 als Ergebnis 1.

Wollen wir gerade für diese Zahlen des korrekte Ergebnis, also etwa:

zu	0.8	als Ergebnis	1	$= 2^0$
zu	0.50	als Ergebnis	0.5	$= 2^{-1}$
zu	0.22	als Ergebnis	0.25	$= 2^{-2}$

so können wir folgendes Struktogramm verwenden:

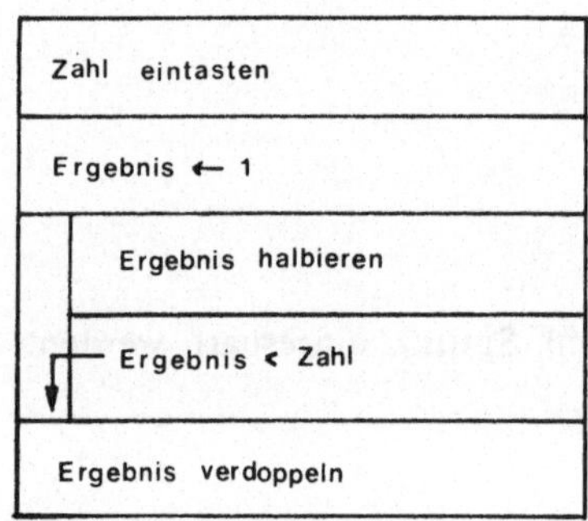

Abb. 4.22

Als Programm

```
    Zahl eintasten
    Ergebnis = 1 setzen
(i) Ergebnis halbieren
    Ergebnis < Zahl
    (ja:) Springe nach (i)
    Ergebnis verdoppeln
```

```
01 *LBL1 25 14 01          000   76 LBL
02  1        01            001   11  A
03 *LBL2 25 14 02          002   32 X:T
04  2        02            003   01  1
05  ÷        61            004   76 LBL
06 X>Y?   16 41            005   12  B
07 GTO2   14 02            006   55  ÷
08 X=Y?   16 61            007   02  2
09 GTO2   14 02            008   95  =
10  2        02            009   77  GE
11  x        51            010   12  B
12 PRTX      65            011   65  ×
13 R/S       64            012   02  2
                          013   95  =
                          014   99 PRT
                          015   91 R/S

       0.80 GSB1                 0.8
       1.00 ***                  1.
       0.50 GSB1                 0.5
       0.50 ***                  0.5
       0.22 GSB1                 0.22
       0.25 ***                  0.25
```

Programm 4.14

Will man die Programmteile vereinigen, ergibt sich folgendes Struktogramm:

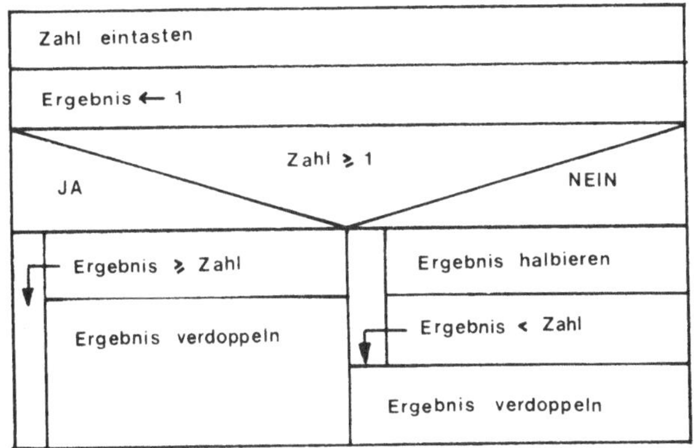

Abb. 4.23

6 Schauer/Barta, Methoden der Programmierung

```
         Zahl eintasten
         Ergebnis = 1 setzen
         Zahl ≥ 1 ?
         (nein:) Springe nach (i)
(ii)     (ja:)  Ergebnis ≥ Zahl                  Ja-Zweig
                (ja:) Springe nach (iii)         Überspringt auch den Nein-Zweig !
                Ergebnis verdoppeln
                Springe nach (ii)
(i)      Ergebnis halbieren                      Nein-Zweig
         Ergebnis < Zahl
         (nein:) Springe nach (i)
         Ergebnis verdoppeln)
(iii)    . . . . .
```

```
01  *LBL1 25 14 01        22    x       51        000   76  LBL        026   13   C
02    i        01         23  *LBL4 25 14 04       001   11  A         027   65   ×
03  X≤Y?    16 31         24  PRTX      65         002   32  X:T        028   02   2
04  GTO2    14 02         25  R/S       64         003   01   1         029   95   =
05  GTO3    14 03                                  004   22  INV        030   76  LBL
06  *LBL2 25 14 02                                 005   77  GE         031   14  D
07  X>Y?    16 41                   12.34 GSB1     006   12  B          032   99  PRT
08  GTO4    14 04                   15.00  ***     007   67  EQ         033   91  R/S
09  X=Y?    16 61                    0.80 GSB1     008   12  B
10  GTO4    14 04                    1.00  ***     009   61  GTO        12.34
11    2        02                    1.00 GSB1     010   13  C          16.
12    x        51                    1.00  ***     011   76  LBL        0.8
13  GTO2    14 02                                  012   12  B          1.
14  *LBL3 25 14 03                                 013   77  GE         1.
15    2        02                                  014   14  D          1.
16    ÷        61                                  015   65  ×
17  X>Y?    16 41                                  016   02  2
18  GTO3    14 03                                  017   95  =
19  X=Y?    16 61                                  018   61  GTO
20  GTO3    14 03                                  019   12  B
21    2        02                                  020   76  LBL
                                                   021   13  C
                                                   022   55  ÷
                                                   023   02  2
                                                   024   95  =
                                                   025   77  GE
```

Programm 4.15

Hier wurde erstmals in manchen Zeilen rechts ein *Kommentar* angefügt, der zum Verständnis der Sprünge notwendig ist. Jedes Programm sollte so ausführlich mit Kommentaren versehen niedergeschrieben werden, daß es der Programmierer selbst *und* ein anderer Leser später verstehen können. Derartige Kommentare plus eventuelle *Programmbeschreibungen* werden als *Dokumentation* eines Programmes bezeichnet. Die Qualität der Dokumentation bestimmt ganz wesentlich die Verwendbarkeit eines (zu oftmaligem Gebrauch bestimmten) Programmes.

Eine der einfachsten und doch lesbarsten Formen einer guten Programmbeschreibung bilden die Struktogramme selbst. Wer also vor dem Schreiben des Maschinenprogrammes (dem „*Codieren*") Struktogramme zeichnet, erspart sich den größten Teil der Dokumentationsarbeit !

Da wir nun nach detaillierten Struktogrammen rein „mechanisch" codieren können, wollen wir uns im nächsten Kapitel der zentralen Frage des Programmierens zuwenden: wie gewinne ich aus der Aufgabenstellung ein (richtiges !) Struktogramm ?

5. Systematische Vorgangsweise
   (Schrittweise Verfeinerung)

Da wir nun sowohl mit der Arbeitsweise des Rechners als auch mit der Umsetzung von Struktogrammen in Maschinenprogramme vertraut sind, wollen wir uns nun dem zentralen Problem der Programmierung zuwenden: Wie gewinnt man aus der Aufgabenstellung ein hinreichend detailliertes und korrektes Struktogramm ? Die zweigeteilte Problemstellung erfordert auch zwei unterschiedliche Wege zur Lösung, die aber gleichzeitig beschritten werden müssen:

Die erforderliche *Detailliertheit* des Struktogrammes erreicht man, indem man schrittweise, von einem groben, verbal formulierten Diagramm ausgehend, die einzelnen Strukturblöcke *verfeinert*, das heißt, unter Berücksichtigung der Gesamtstruktur immer „maschinennäher" beschreibt.

Die *Korrektheit* des so entstehenden Programmes läßt sich dadurch gewährleisten, daß man sich über Bedingungen (Zusammenhänge zwischen Variablen) die vor und nach jedem Strukturblock gelten, klar wird und dafür sorgt, daß die letzte Bedingung erstens das gewünschte Ergebnis enthält und zweitens zwingend aus den vorhergehenden Bedingungen nach Durchlaufen der einzelnen Strukturblöcke folgt.

Beispiel Das soll gleich an einem Beispiel erläutert werden.
aximum Wenn wir das Maximum einer Folge von Eingabewerten ermitteln wollen, so läßt sich das folgende grobe Struktogramm leicht entwickeln. Damit wir leichter darüber reden können, erhalten alle vorkommenden Daten Namen. Der jeweils neueste Eingabewert soll a heißen, das bisherige Maximum max.

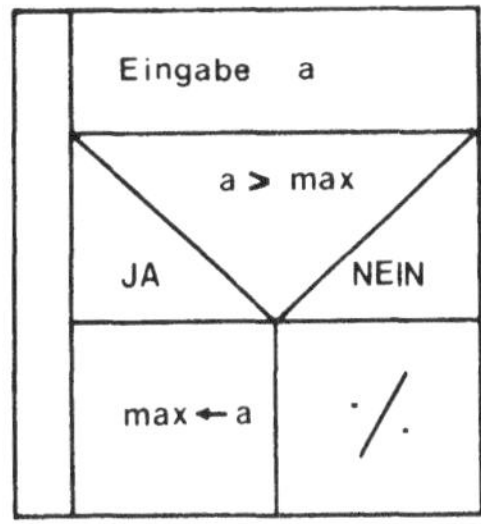

Abb. 5.1

Das Symbol max ← a soll dabei bedeuten, daß max den Wert von a zugewiesen erhält. Sobald also ein a gefunden wird, das größer als das bisherige Maximum ist, erhält max dessen Wert, der ja das ab sofort gültige neue Maximum darstellt. Dieser Vorgang wird wiederholt, solange Eingabedaten eingetippt werden.

An dieser Stelle ist die kreative Arbeit weitgehend abgeschlossen, der Rest (die Gewinnung des Detail-Diagramms und dessen Umsetzung in ein Programm) kann fast automatisch erfolgen.

Wohin werden wir die Daten (hier max und a) speichern ? Da a immer wieder eingegeben werden soll, befindet sich der gerade aktuelle Wert offenbar im Register x. Frei wählbar bleibt nur noch, wo max gespeichert wird. Hierzu bietet sich etwa das Register y an. Wenn man das einmal festgelegt hat, ergibt sich alles andere fast zwangsläufig: Soll nach der Eingabe von a dessen Wert in x und max in y stehen, so folgt daraus, daß (wegen der Stapeleigenschaften !) max vor der Eingabe in x stehen muß. Halten wir dies einmal graphisch fest:

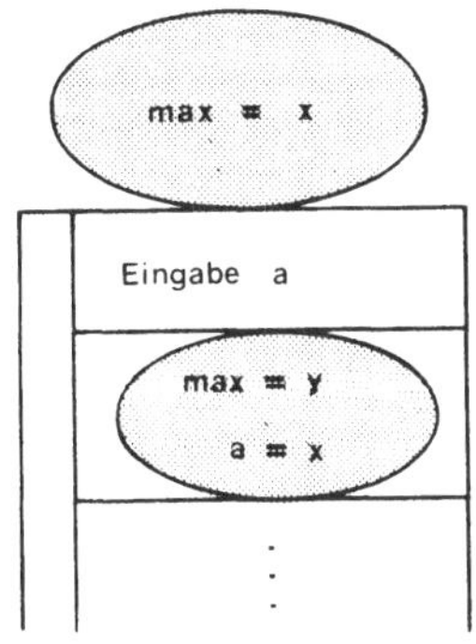

Abb. 5.2[17]

---

[17] Die schraffierten Felder enthalten Aussagen über die Inhalte der Daten-

Die Abfrage, ob

$$a > max$$

wird dann als

$$x > y$$

realisiert:

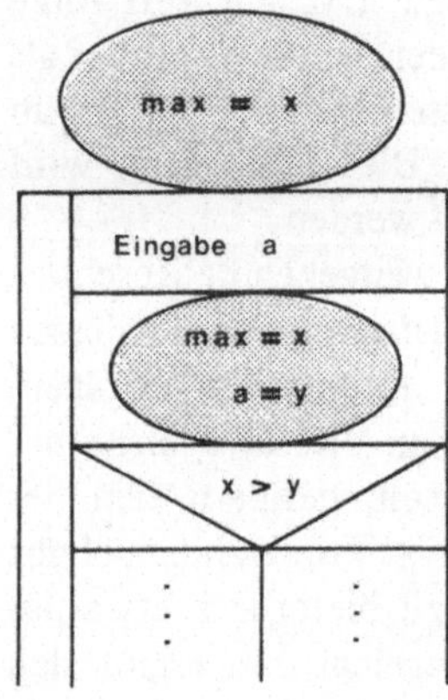

Abb. 5.3

**Schleifen-
invariante**   Die nächste Überlegung ist der zentrale Schritt überhaupt: Da man sich eine Schleife wie ein „zusammengerolltes Programm-stück", bei dem Anfang und Ende zusammenfallen (Abb. 5.4) vor-stellen kann, ist offensichtlich, daß zu Anfang und zu Ende jeder Schleife *dieselben* Zusicherungen gelten müssen (diese speziellen Zusicherungen heißen „*Schleifeninvariante*"). In

---

felder zu bestimmten Zeitpunkten des Programmablaufes. Solche Aus-sagen werden als „*assertions*" (wörtlich: „*Zusicherungen*") bezeichnet.

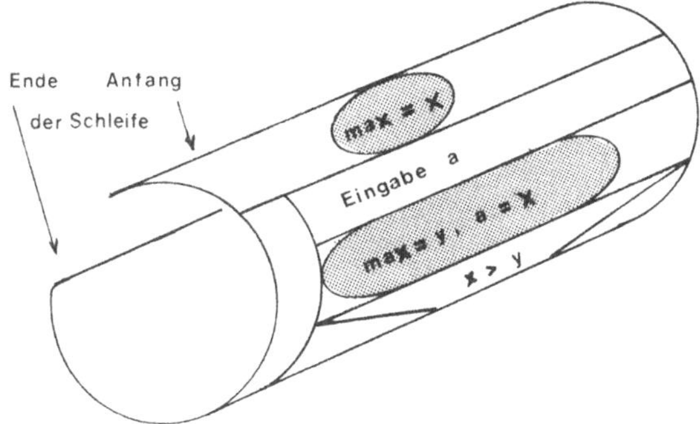

Abb. 5.4

unserem Beispiel bedeutet dies nichts anderes, als daß auch am Ende der Schleife gelten muß

$$max = x.$$

Als Zusicherung im Struktogramm:

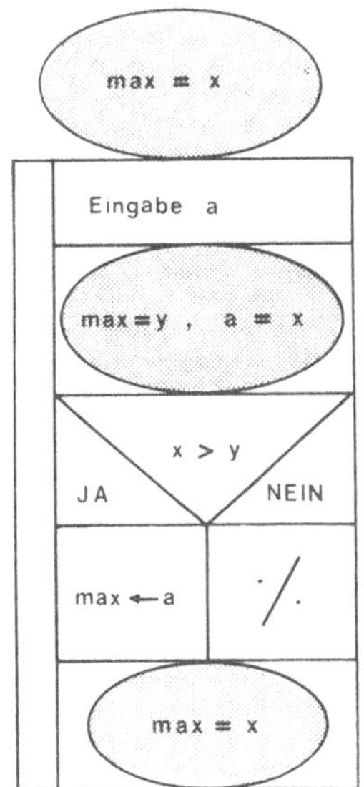

Abb. 5.5

Was muß in den beiden Zweigen der Alternative geschehen, damit nachher

$$max = x$$

gilt ?

Im Ja-Zweig eigentlich überhaupt nichts – da a in x steht und a das neue Maximum ist, ist die Bedingung

$$max = a$$

von selbst erfüllt. Und im Nein-Zweig ? Da a (in x stehend) kleiner als das bisherige und neue Maximum (in y gespeichert) ist, muß dafür gesorgt werden, daß der Inhalt von y in das Register x kommt.

Das fertige Detail-Programm sieht also so aus:

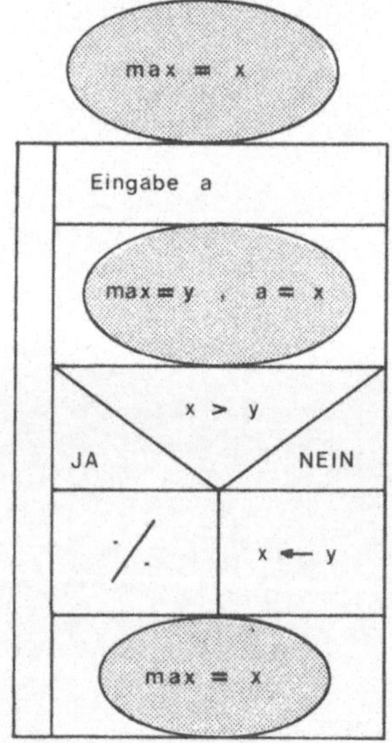

Abb. 5.6

Von diesem Programm läßt sich mühelos codieren:

```
01 *LBL1 25 14 01          000   76 LBL
02   X≤Y?     16 31        001   11   A
03   X⇄Y        11         002   22 INV
04   R/S        64         003   77  GE
05 GT01      14 01         004   12   B
                           005   67  EQ
                           006   12   B
                          ▶007   32 X⇄T
                           008   76 LBL
                           009   12   B
        3.00 GSB1          010   91 R/S
        5.00  R/S          011   61 GTO
        2.00  R/S          012   11   A
        7.00  R/S
        3.00  R/S                 3.
        7.00  ***                 5.
                                  2.
                                  7.
                                  3.
                                  7.
```

Programm 5.1

Man erkennt: Die Operation, die das

$$x \leftrightarrow y$$

bewerkstelligt, ist maschinenabhängig und oft sogar auf mehr als eine Art codierbar.

Die einzige „Freiheit" bei diesem Vorgang war die Wahl des Speicherplatzes für max, den bisher größten Eingabewert. Natürlich könnte man statt des Registers y auch eine Speicherzelle, etwa die Zelle S1 dafür verwenden. Versuchen wir also diese Variante:

$$\text{Eingabe } a = x$$
$$\text{max} = S1$$

Um den Vergleich

$$a > \text{max}$$

durchführen zu können, müssen wir den Inhalt von S1 in den Stapel laden — dabei gelangt er natürlich in Register x und der Eingabewert a wird in Register y geschoben:

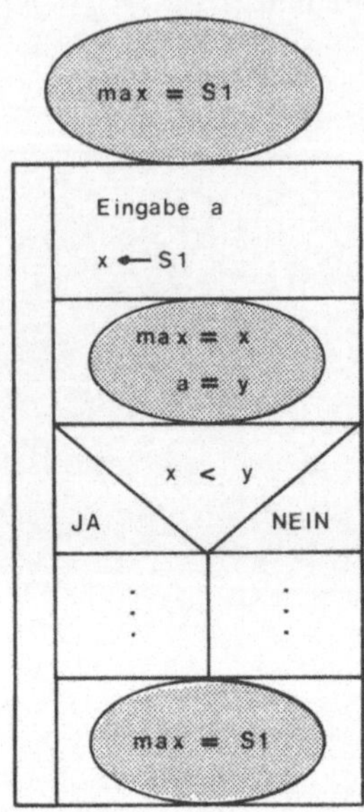

Abb. 5.7

Die Schleifeninvariante

$$max = S1$$

wurde am Ende der Schleife wieder eingezeichnet, da sonst Anfang
und Ende der Schleife „nicht zusammenpassen" würden. Offen ist
nur noch, was in den Zweigen der Alternative vor sich gehen muß,
damit die Invariante erfüllt wird.

Im Ja-Zweig: a (in y gespeichert) ist neues Maximum; um
seinen Wert nach S1 zu bringen, sind zwei Umspeicherungen erforderlich[18]:

$$y \to x$$
$$x \to S1$$

---

[18] $y \leftrightarrow S1$ läßt sich nicht direkt codieren.

Im Nein-Zweig: das bisherige Maximum ist auch das neue Maximum und befindet sich unverändert im S1 — keine Aktion erforderlich.

Es ergibt sich also

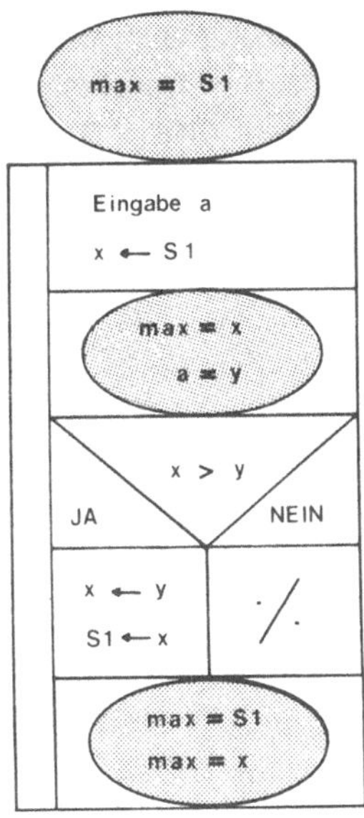

Abb. 5.8

Als „Abfallprodukt" erhält man am Schleifenende noch die Aussage

$$max = x$$

was zur Folge hat, daß das jeweilige bisherige Maximum immer im Display zu sehen ist.

Der Code für die einzelnen Rechner ist

```
01 *LBL1 25 14 01      3.00 GSB1      000  76 LBL      011  12   B
02 RCL1     55 01      5.00  R/S      001  11   A      012  91  R/S
03 X>Y?     16 41      2.00  R/S      002  32  X:T     013  61  GTO
04 GTO2     14 02      7.00  R/S      003  43  RCL     014  11   A
05   X:Y       11      3.00  R/S      004  01   01
06 ST01     45 01      7.00  ***      005  77  GE          3.
07 *LBL2 25 14 02                     006  12   B          5.
08   R/S       64                     007  32  X:T         2.
09 GTO1     14 01                     008  42  STO         7.
                                      009  01   01         3.
                                      010  76  LBL         7.
```

Programm 5.2

Ein paar Bemerkungen zu den Zusicherungen sind an dieser Stelle sicher angebracht:

– grundsätzlich können Strukturblöcke nur dann aneinandergereiht werden, wenn die Anfangszusicherung des zweiten und die Endezusicherung des ersten „zusammenpassen"[19].

– als Sonderfall dieser Regel kann das „Aneinanderfügen eines Strukturblockes an sich selbst", also seine wiederholte Ausführung in einer Schleife gesehen werden. Die Zusicherungen müssen daher dem oben gesagten entsprechen.

– Um eine Zusicherung für das Ende einer Alternative zu erhalten, muß diese *sowohl* vom Ja-Zweig als *auch* vom Nein-Zweig erfüllt werden (Beispiel dafür: max = x in Abb. 5.3).

Beispiel Minimax Mit diesem theoretischen Wissen ausgestattet, wollen wir ein zweites Beispiel angehen: Nicht nur das Maximum, sondern auch das Minimum einer Anzahl von Eingabewerten soll festgestellt werden.

Der aktuelle Eingabewert soll wieder mit a bezeichnet werden, das bisherige Maximum heißt wieder max und das bisherige Minimum analog min. Das grobe Struktogramm

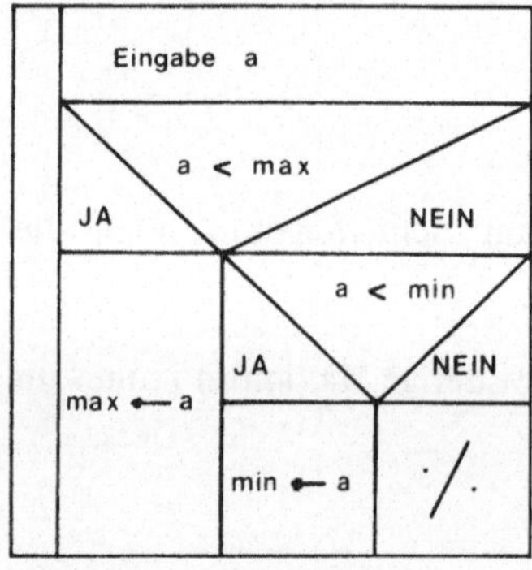

Abb. 5.9

löst dann offensichtlich die Aufgabenstellung.

---

[19] Exakt: damit erlaubt ist, muß B1 ⇒ B2 (B1 impliziert B2), aus B1 folgt B2 gelten.

Festzulegen bleibt, wo min und max gespeichert werden sollen (a befindet sich nach der Eingabe im Register x): Es wäre sicher möglich, aber kompliziert, die Register y und z für diesen Zweck heranzuziehen; einfacher ist es

$$\max = S1$$
$$\min = S2$$

festzulegen, wobei S1 und S2 zwei Speicherzellen bezeichnen. Damit ist die Schleifeninvariante auch schon festgelegt !

Nach der Eingabe gilt offenbar

$$a = x$$

und es ergibt sich das Diagramm

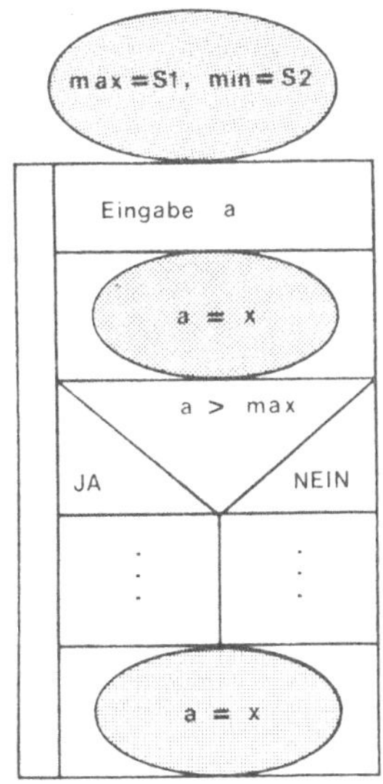

Abb. 5.10

Damit max mit a verglichen werden kann, ist wie im letzten Beispiel

$$x \leftarrow S1$$

erforderlich; ebenso

$$x \leftarrow S2$$

für den Vergleich von a mit min.
Die Bedingung

$$a = x$$

nach der Alternative in Abb. 5.10 wurde gesetzt, damit im Display stets der letzte Eingabewert angezeigt wird. Um sie zu erhalten, sind folgende Umspeicherungen erforderlich:

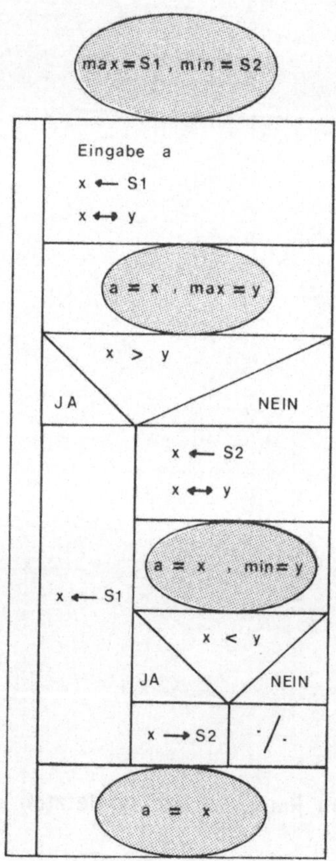

Abb. 5.11

Die beiden Anweisungen

$$x \leftrightarrow y$$

vereinfachen das Programm ganz wesentlich[20]. Sie ergeben sich jedoch zwangsläufig aus der Zusicherung

$$a = x$$

die zum Ende der Alternative gelten soll.

Nach den in Kapitel 4 gebrachten Auflösungsregeln kommt man zu folgenden Programmen:

```
01 *LBL1 25 14 01          000  76 LBL
02  RCL1    55 01          001  11   A
03   X⇄Y       11          002  32  X⇄T
04  X≤Y?    16 31          003  43 RCL
05  GTO2    14 02          004  01   01
06  STO1    45 01          005  77  GE
07  GTO3    14 03          006  12   B
08 *LBL2 25 14 02          007  32  X⇄T
09  RCL2    55 02          008  42 STO
10   X⇄Y       11          009  01   01
11  X>Y?    16 41          010  61 GTO
12  GTO3    14 03          011  13   C
13  STO2    45 02          012  76 LBL
14 *LBL3 25 14 03          013  12   B
15   R/S       64          014  43 RCL
16  GTO1    14 01          015  02   02
                           016  32  X⇄T
                           017  77  GE
                           018  13   C
                           019  42 STO
                           020  02   02
                           021  76 LBL
                           022  13   C
       3.00 GSB1           023  91 R/S
       5.00  R/S           024  61 GTO
      -2.00  R/S           025  11   A
       1.00  R/S
      -2.00  R/S              3.
                             5.
                            -2.
          RCL1               1.
       5.00  ***            -2.
          RCL2
      -2.00  ***              5.       RCL
                                         1
                             5.
                             5.       RCL
                                         2
                            -2.
```

Programm 5.3

---

[20] Das Wegspeichern eines eventuell neu gefundenen Maximums oder Minimums geht dann direkt aus dem x-Register !

Man sollte sich darüber klar werden, daß die allgemeine Lösung des gestellten Problems nach Abb. 5.9 eigentlich schon eine Optimierung der Rechenzeit darstellt. Eine viel einfachere **Minimax** Variante entsteht, wenn man dem Maximum-Programm von **Variante** Abb. 5.1 einfach ein analoges Minimum-Programm „anhängt":

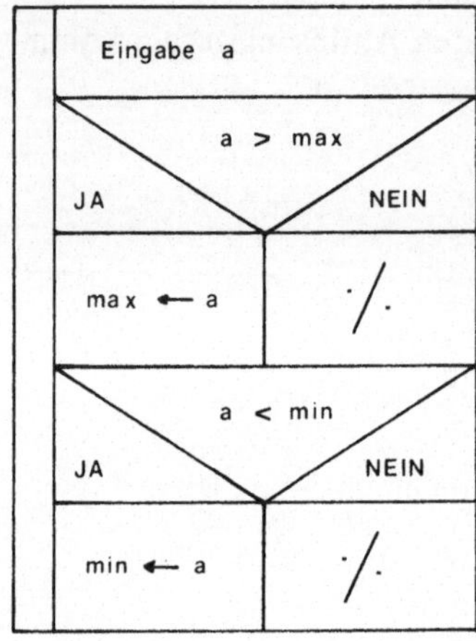

Abb. 5.12

Natürlich ist die Abfrage

$$a < min$$

unsinnig, falls die erste Abfrage

$$a > max$$

mit „ja" beantwortet wurde. Doch wen stört das ? Bei Kleinrechnern kommt es auf wenige Sekundenbruchteile nicht an und das Programm wird einfacher und übersichtlicher.

Mit den Festlegungen

$$max = S1$$
$$min = S2$$

und der Zusatzbedingung, daß

$$a = x$$

wegen der Anzeige ständig erfüllt sein soll, ergibt sich

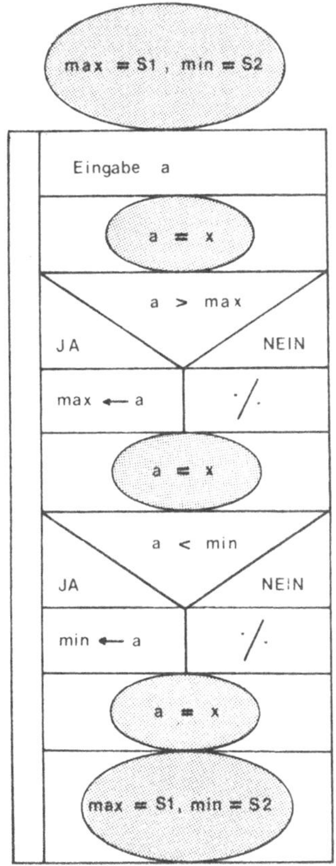

Abb. 5.13

7 Schauer/Barta, Methoden der Programmierung

oder detailliert

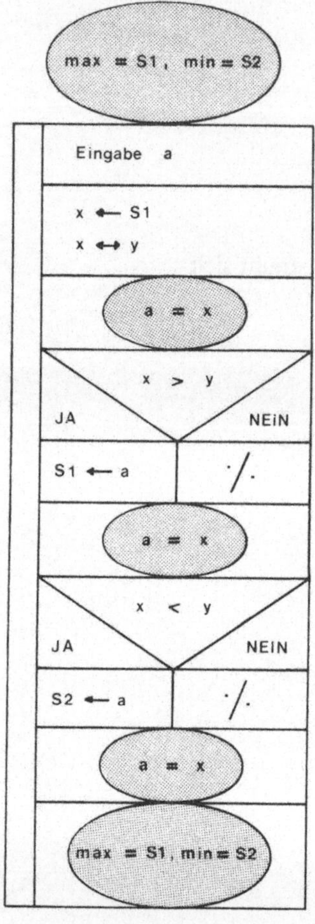

Abb. 5.14

bzw. als Programmcode:

```
01 *LBL1  25 14 01          3.00  GSB1      000  76 LBL    014  43 RCL    3.
02  RCL1     55 01          5.00  R/S       001  11  A     015  02  02    5.
03   X≷Y        11         -2.00  R/S       002  32 X⮂T    016  32 X⮂T   -2.
04  X>Y?    16 41           1.00  R/S       003  43 RCL    017  77  GE    1.
05  STO1    45 01          -2.00  R/S       004  01  01    018  13  C    -2.
06  RCL2    55 02                 RCL1      005  77  GE    019  42 STO
07   X≷Y        11          5.00  ***       006  12  B     020  02  02
08  X≤Y?    16 31                 RCL2      007  32 X⮂T    021  76 LBL   -2.        RCL
09  STO2    45 02          -2.00  ***       008  42 STO    022  13  C                1
10   R/S        64                          009  01  01    023  99 PRT    5.
11  GTO1    14 01                           010  61 GTO    024  91 R/S    5.        RCL
                                            011  13  C     025  61 GTO              2
                                            012  76 LBL    026  11  A    -2.
                                            013  12  B
```

Programm 5.4

Testen Sie das Programm mit den Eingabewerten

$$4.7, -5.3, 17, 2.25, -0.1, -0.2, 24.99, -3.$$

Natürlich steht anschließend in S1 (= max) der Wert 24.99 und in S2 (= min) der Wert −5.3.

Funktioniert also wunderbar ! Probieren Sie es einmal mit

$$2, 3, 4, 5, 6, 7, 8, 9, 10.$$

Als Maximum ergibt sich richtigerweise 10, als Minimum 0 anstatt 2. Was ist da geschehen ?

Ein Problem blieb eben bisher unerwähnt: Welche Anfangswerte müssen die Zellen S1 bzw. S2 enthalten, damit das Programm funktioniert ? Speichert man keine Anfangswerte in den beiden Zellen, so sind sie mit 0 initialisiert. Dann wird bei positiven Zahlen die Abfrage

$$a < min$$

aber stets auf „nein" ausgehen. Ebenso die Abfrage

$$a > max$$

bei nur negativen Zahlen ! In diesen beiden Fällen wird also der Anfangswert 0 nie verändert.

Das Beispiel zeigt, daß die *Testdaten* sorgfältig ausgewählt werden müssen, um den Programmierer vor voreiligen Schlüssen zu schützen.

Als Abhilfe drängt sich auf, sowohl min als auch max mit dem ersten Eingabewert zu initialisieren.

```
01 *LBL1 25 14 01        3.00 GSB1
02  ST01     45 01       5.00  R/S
03  ST02     45 02      -2.00  R/S
04 *LBL2 25 14 02        1.00  R/S
05   R/S        64      -2.00  R/S
06  RCL1     55 01
07   X⇄Y        11             RCL1
08  X>Y?     16 41       5.00  ***
09  ST01     45 01             RCL2
10  RCL2     55 02      -2.00  ***
11   X⇄Y        11
12  X≤Y?     16 31
13  ST02     45 02
14  GT02     14 02
```

```
000   76 LBL        012   12  B         024   13  C        3.
001   11  A         013   32 X:T        025   42 STO       5.
002   42 STO        014   42 STO        026   02  02      -2.
003   01  01        015   01  01        027   76 LBL       1.
004   42 STO        016   61 GTO        028   13  C       -2.
005   02  02        017   13  C         029   91 R/S
006   76 LBL        018   76 LBL        030   61 GTO       0.    RCL
007   14  D         019   12  B         031   14  D              1
008   32 X:T        020   43 RCL
009   43 RCL        021   02  02                           5.
010   01  01        022   32 X:T                           5.    RCL
011   77 GE         023   77  GE                                 2
                                                          -2.
```

Programm 5.5

Beispiel größter gemeinsamer Teiler

Als nächstes Beispiel soll der größte gemeinsame Teiler t von zwei gegebenen ganzen Zahlen a und b berechnet werden. Der größte gemeinsame Teiler ist die größte ganze Zahl, die sowohl a als auch b teilt. Man verwendet ihn unter anderem zum Kürzen des Bruches $\frac{a}{b}$.

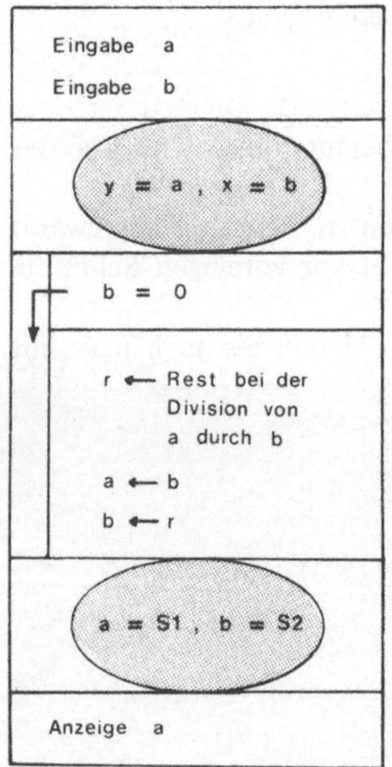

Abb. 5.15

Abb. 5.15 zeigt ein Grobstruktogramm für die Lösung dieser Aufgabe.

Speichert man a in einer Speicherzelle S1 und b in einer Speicherzelle S2, so erhält man

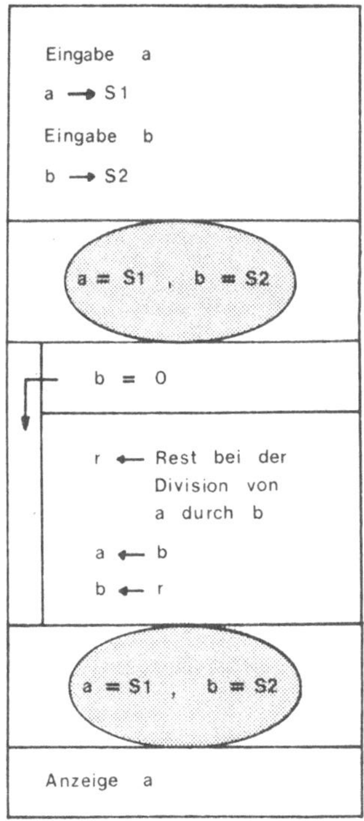

Abb. 5.16

wobei nach der Schleife selbstverständlich die Invariante

$$a = S1, \ b = S2$$

gelten muß. Dies kann erreicht werden durch das Detaildiagramm

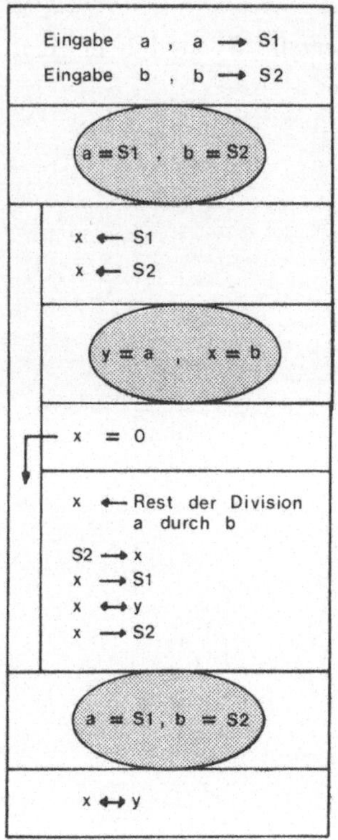

Abb. 5.17

woraus sich der Code ergibt:

```
01 *LBL1 25 14 01        11   INT    16 52        21  GT02    14 02
02  ST01    45 01        12  RCL2    55 02        22 *LBL3 25 14 03
03   R/S       64        13    x        51        23   X⇄Y       11
04  ST02    45 02        14  RCL1    55 01        24  PRTX       65
05 *LBL2 25 14 02        15    -        31
06  RCL1    55 01        16   CHS       22
07  RCL2    55 02        17  RCL2    55 02              1932. GSB1
08  X=0?    25 61        18  ST01    45 01               105.  R/S
09  GT03    14 03        19   X⇄Y       11                21.  ***
10   ÷         61        20  ST02    45 02
```

```
000   76 LBL        017   01   01        034   32 X:T
001   11  A         018   95   =         035   42 STO
002   42 STO        019   35 1/X         036   02   02
003   01   01       020   59 INT         037   61 GTO
004   91 R/S        021   65  X          038   12  B
005   42 STO        022   43 RCL         039   76 LBL
006   02   02       023   02   02        040   13  C
007   76 LBL        024   75  -          041   43 RCL
008   12  B         025   43 RCL         042   01   01
009   25 CLR        026   01   01        043   99 PRT
010   32 X:T        027   95   =         044   91 R/S
011   43 RCL        028   94 +/-
012   02   02       029   32 X:T
013   67 EQ         030   43 RCL                1932.
014   13  C         031   02   02              105.
015   55  -         032   42 STO               31.
016   43 RCL        033   01   01
```

Programm 5.6

Der Teil des Struktogrammes von Abb. 5.17, der in Abb. 5.18
wiederholt wird,

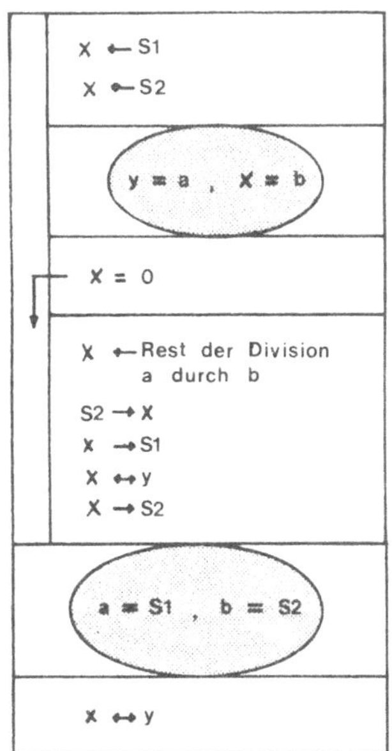

Abb. 5.18

dient dazu, den größten gemeinsamen Teiler von S1 und S2 zu berechnen und das Ergebnis in S2 abzuliefern. Dieser Programmteil kann daher auch zur Berechnung des größten gemeinsamen Teilers einer beliebig langen Zahlenfolge verwendet werden:

Eingabe a

S1 ← a

Eingabe a

S2 ← a

S1 ← ggT(S1,S2)

Abb. 5.19[21]

```
01 *LBL1 25 14 01      16  RCL2    55 02       1932.00 GSB1
02  ST01    45 01      17   x       51          105.00  R/S
03 *LBL0 25 14 00      18  RCL1    55 01          21.00  ***
04   R/S       64      19   -       31
05  ST02    45 02      20  CHS      22
06  GSB2    13 02      21  RCL2    55 02
07  ST01    45 01      22  ST01    45 01
08  GT00    14 00      23  X⇄Y      11
09 *LBL2 25 14 02      24  ST02    45 02
10  RCL1    55 01      25  GT02    14 02
11  RCL2    55 02      26 *LBL3 25 14 03
12  X=0?    25 61      27  X⇄Y      11
13  GT03    14 03      28  PRTX     65
14   ÷       61       29  RTN   25 13
15  INT     16 52      30  P/S      64
```

---

[21] ggT (S1, S2) soll als Abkürzung für „größter gemeinsamer Teiler" von S1 und S2 verstanden werden.

```
000   76 LBL      019   25 CLR      038   94 +/-      1932.
001   11  A       020   32 X:T      039   32 X:T       105.
002   42 STO      021   43 RCL      040   43 RCL        21.
003   01  01      022   02  02      041   02  02
004   99 PRT      023   67 EQ       042   42 STO
005   76 LBL      024   13  C       043   01  01
006   16 A'       025   55  ÷       044   32 X:T
007   91 R/S      026   43 RCL      045   42 STO
008   99 PRT      027   01  01      046   02  02
009   42 STO      028   95  =       047   61 GTO
010   02  02      029   35 1/X      048   18 C'
011   71 SBR      030   59 INT      049   76 LBL
012   18 C'       031   65  ×       050   13  C
013   42 STO      032   43 RCL      051   43 RCL
014   01  01      033   02  02      052   01  01
015   61 GTO      034   75  -       053   99 PRT
016   16 A'       035   43 RCL      054   92 RTN
017   76 LBL      036   01  01
018   18 C'       037   95  =
```

Programm 5.7

Nun wollen wir ein Programm entwickeln, das die Primzahlen 2, 3, 5, 7, 11, 13, ... berechnet. Eine einfach zu programmierende Lösung dieser Aufgabe ist es, alle ganzen Zahlen n von 2 an daraufhin zu überprüfen, ob sie durch irgendeine Zahl größer als 1 teilbar sind. (Die größte als Teiler in Frage kommende Zahl ist $\sqrt{n}$). Ist kein Teiler auffindbar, so ist n offenbar Primzahl. Als Grobstruktogramm sieht das so aus:

Beispiel Primzahlen

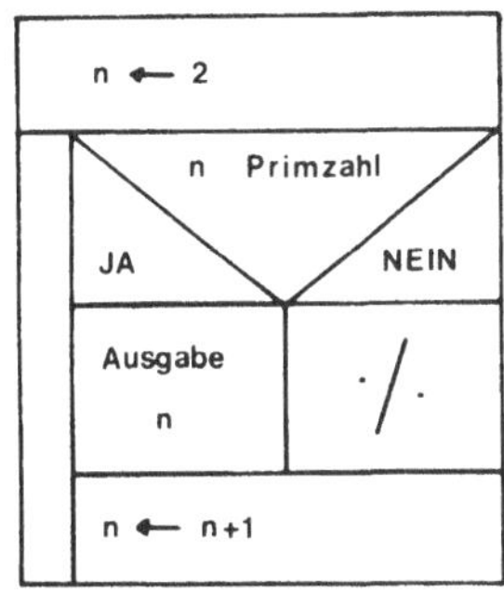

Abb. 5.20

(Das Programm läuft ohne Endebedingung in einer Schleife, also etwa bis man den Rechner ausschaltet.)
Die Abfrage

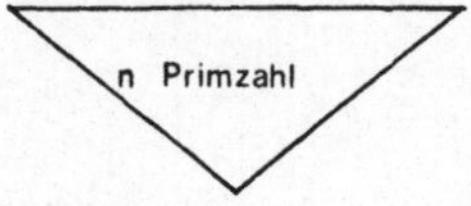

Abb. 5.21a

läßt sich so detaillieren:

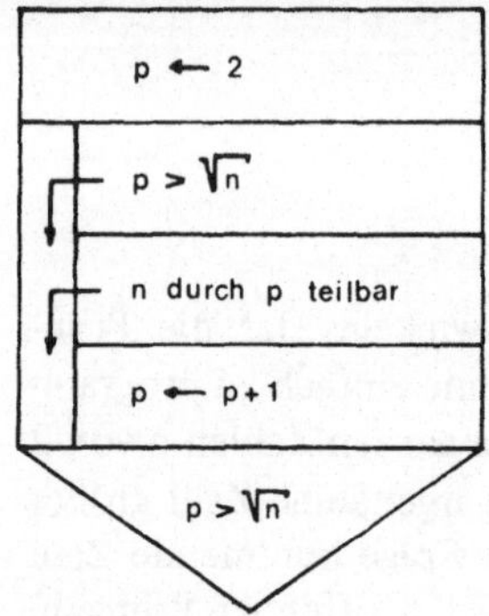

Abb. 5.21b

wobei sich die Bedingung

$$\text{,,n durch p teilbar''}$$

leicht als

$$\text{frac}\left(\frac{n}{p}\right) = 0\,[22]$$

programmieren läßt.

---

[22] frac (a) bedeutet den Teil der Zahl a, der hinter dem Dezimalpunkt steht.

Als abschließendes Beispiel, sozusagen als Höhepunkt des Kapitels, sollen ganze Zahlen in ihre Primfaktoren zerlegt werden[23].

Die Aufgabe kann gelöst werden, indem man den kleinsten Primfaktor p berechnet, diesen von der Zahl n abspaltet (d. h. n durch p dividiert, was natürlich ohne Rest geht) und das Verfahren für den Quotienten wiederholt. Ist der Quotient gleich 1, so ist das Programm zu Ende:

Beispiel Prim-
faktoren

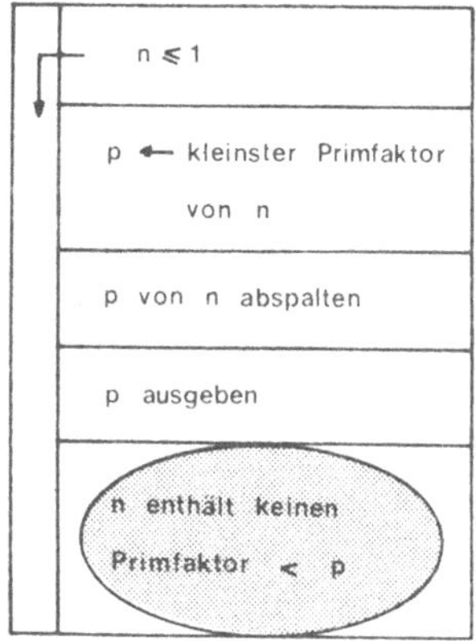

Abb. 5.22

Die Berechnung des kleinsten Primfaktors von n sieht unter der Voraussetzung, daß p mit dem Wert der kleinsten Primzahl initialisiert ist, wie folgt aus:

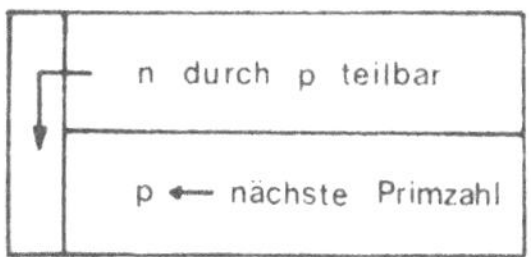

Abb. 5.23

---

[23] Unter den Primfaktoren einer ganzen Zahl versteht man all jene Primzahlen, die miteinander multipliziert, die Zahl ergeben. Also etwa $36 = 2 * 2 * 3 * 3$, $343 = 7 * 7 * 7$, $2310 = 2 * 3 * 5 * 7 * 11$ usw. Die Zerlegung einer Zahl in Primfaktoren ist, bis auf die Reihenfolge, stets eindeutig.

Der ganze Algorithmus läßt sich also durch Zusammensetzen der Abb. 5.22 und 5.23 im folgenden Struktogramm beschreiben:

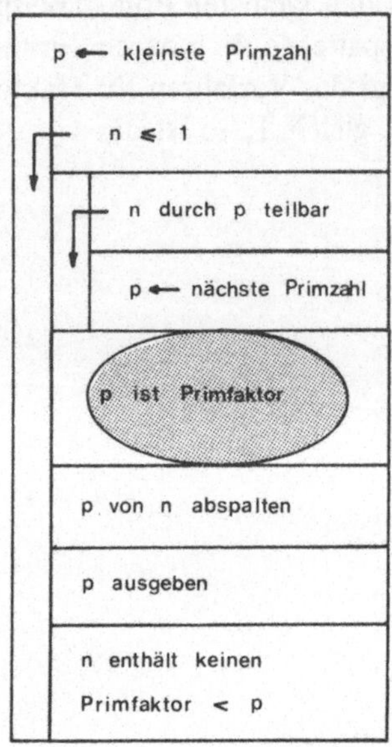

Abb. 5.24

Die Zuweisung der kleinsten Primzahl kann vor der äußeren Schleife stehen, da sichergestellt ist, daß n nach jedem Schleifendurchlauf keinen Primfaktor < p enthält; die Suche nach dem nächsten Primfaktor kann daher beim jeweils letzten Wert von p beginnen.
Statt

$$p \leftarrow \text{nächste Primzahl}$$

kann man auch

$$p \leftarrow \text{nächste ganze Zahl}$$

programmieren.

Der Grund dafür ist, daß p zwar dadurch Zahlenwerte erhält, die keine Primzahlen sind, deren Primfaktoren aber < p sein müssen ! n enthält aber keine Primfaktoren $< p$ mehr und ist daher sicher nicht durch eine solche Zahl teilbar. Anstatt das gesamte Primzahlenprogramm hier einfügen zu müssen (was natürlich möglich wäre), braucht man nur die Erhöhung um 1

$$p \leftarrow p + 1$$

zu programmieren.

Man kann nun die Problemstellung etwas genauer spezifizieren: Will man alle Primfaktoren von n oder nur die unterschiedlichen ? Das Programm nach Abb. 5.22 liefert natürlich alle. Um eine Variante zu entwickeln, die nur die unterschiedlichen Primfaktoren (von 36 also z. B. nur 2 und 3) ausgibt, kann man in zwei Stufen vorgehen: Zuerst lösen wir die Errechnung und Ausgabe von *gleichen* Primfaktoren aus der inneren Schleife heraus und verlegen sie in eine eigene Schleife:

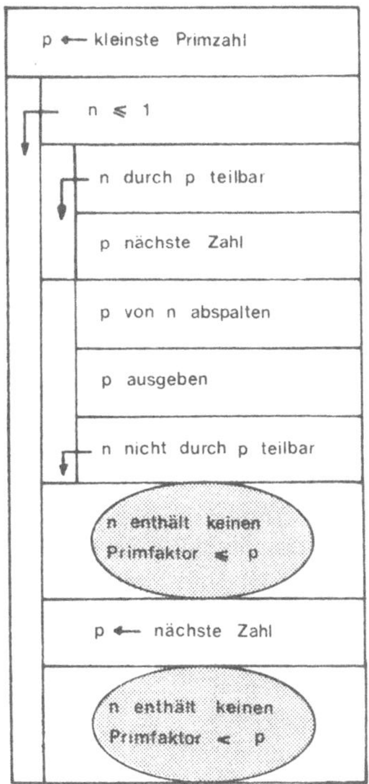

Abb. 5.25

Verlegt man die Ausgabe vor die zweite Schleife, so wird jeder Primfaktor nur bei seinem ersten Auftreten ausgegeben !

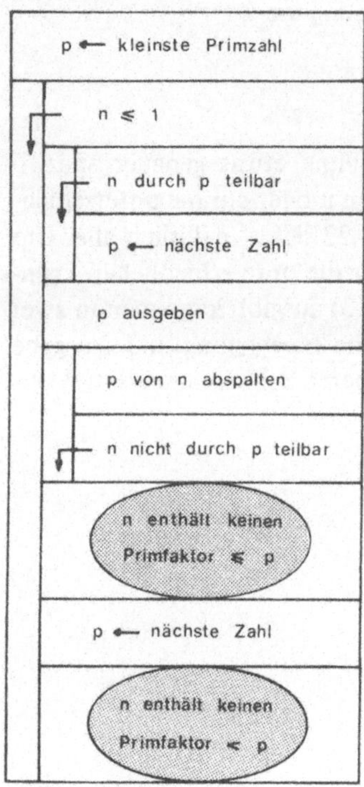

Abb. 5.26

Eine einfache Optimierung ist noch möglich: läßt man die äußere Schleife nicht bis

$$n \leq 1$$

laufen, sondern bis

$$p > \sqrt{n}$$

so erspart man sich (vor allem bei großem n) einige Durchläufe. Und n hat ja sicher keine größeren Primfaktoren als $\sqrt{p}$!

Als Nachteil ergibt sich, daß in manchen Fällen[24] am Ende noch der Primfaktor n auszugeben ist (falls n größer als 1 ist).

Das endgültige Struktogramm

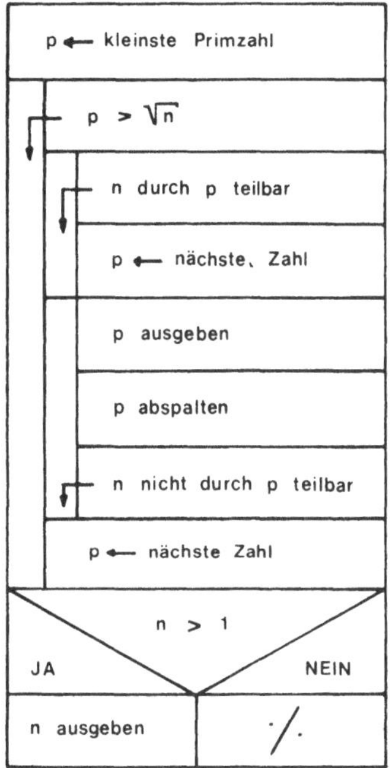

Abb. 5.27

kann nun detailliert werden:

---

[24] Und zwar genau dann, wenn der größte Primfaktor nur einmal aufgetreten ist. Daraus folgt, daß bei Berechnung nur der unterschiedlichen Primfaktoren dieser Nachteil nicht auftritt.

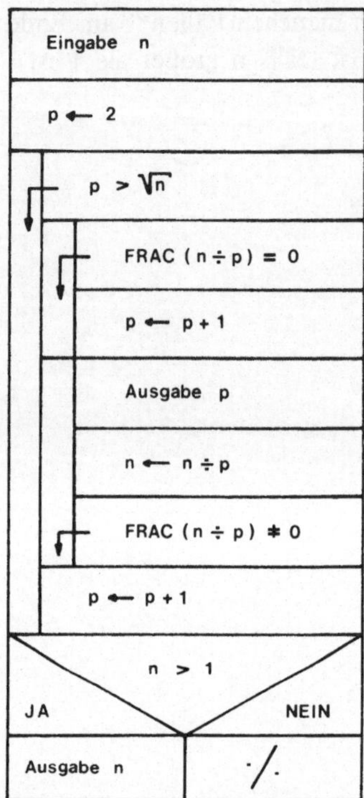

Abb. 5.28

Das endgültige Maschinenprogramm sieht dann wie folgt aus:

```
01 *LBL1 25 14 01      17  GT04    14 04      33 *LBL5 25 14 05       2310.00 GSB1
02  ST01    45 01      18   1         01      34   1        01          2.00 ***
03   2         02      19  ST+2 45 41 02      35  ST+2 45 41 02         3.00 ***
04  ST02    45 02      20  GT03    14 03      36  GT02    14 02         5.00 ***
05 *LBL2 25 14 02      21 *LBL4 25 14 04      37 *LBL6 25 14 06         7.00 ***
06  RCL1    55 01      22  RCL1    55 01      38   1        01         11.00 ***
07   √x̄     16 53      23  RCL2    55 02      39  RCL1    55 01
08  RCL2    55 02      24  PRTX       65      40  X>Y?    16 41        31.00 GSB1
09  X>Y?    16 41      25   ÷         61      41  PRTX       65        31.00 ***
10  GT06    14 06      26  ST01    45 01      42   R/S        64
11 *LBL3 25 14 03      27  RCL2    55 02                                243.00 GSB1
12  RCL1    55 01      28   ÷         61                                  3.00 ***
13  RCL2    55 02      29   FRC    25 52                                  3.00 ***
14   ÷         61      30  X≠0?    25 51                                  3.00 ***
15   FRC    25 52      31  GT05    14 05                                  3.00 ***
16  X=0?    25 61      32  GT04    14 04                                  3.00 ***
```

```
000  76 LBL        037  76 LBL            2310.
001  11  A         038  14  D                2.
002  42 STO        039  43 RCL               3.
003  01  01        040  01  01               5.
004  99 PRT        041  55  ÷                 7.
005  02  2         042  43 RCL              11.
006  42 STO        043  02  02
007  02  02        044  99 PRT
008  76 LBL        045  95  =               31.
009  12  B         046  42 STO             31.
010  43 RCL        047  01  01
011  01  01        048  55  ÷
012  34 ┌X         049  43 RCL             243.
013  32 X⫩T        050  02  02               3.
014  43 RCL        051  95  =                3.
015  02  02        052  22 INV               3.
016  77 GE         053  59 INT               3.
017  16 A'         054  32 X⫩T               3.
018  76 LBL        055  25 CLR
019  13  C         056  67 EQ
020  43 RCL        057  14  D
021  01  01        058  01  1
022  55  ÷         059  44 SUM
023  43 RCL        060  02  02
024  02  02        061  61 GTO
025  95  =         062  12  B
026  22 INV        063  76 LBL
027  59 INT        064  16  A'
028  32 X⫩T        065  01  1
029  25 CLR        066  32 X⫩T
030  67 EQ         067  43 RCL
031  14  D         068  01  01
032  01  1         069  67 EQ
033  44 SUM        070  17  B'
034  02  02        071  99 PRT
035  61 GTO        072  76 LBL
036  13  C         073  17  B'
                   074  98 ADV
                   075  31 R/S
```

Programm 5.9

6. Dialog mit dem Taschenrechner
(Ein- und Ausgabemöglichkeiten)

Wenn sich die Vielzahl der Ein- und Ausgabemöglichkeiten moderner Großrechner auch nicht auf die Verhältnisse von Tisch- und Taschenrechnern übertragen lassen, so steht doch einiges zur Auswahl, was, mit gewissen Einschränkungen einen *Dialog* zwischen Mensch und Maschine ermöglicht.

Als „Eingabemedien" stehen Tasten mit Ziffern, Operationstasten, die Taste $\boxed{\text{R/S}}$ und bei manchen Rechnern sogenannte Funktionstasten (darüber etwas später mehr) zur Verfügung. Unter *Eingabe* versteht man also den Informationsfluß vom Benutzer zum Rechner. Die *Ausgabe*, also der Transport von Information in die umgekehrte Richtung, erfolgt über das Display (Ausgabe von Zahlenwerten, blinken, *ERROR*-Anzeige), eventuell über einen Drucker und durch das Anhalten (zu einem Stop kommen) des Programmes[25].

Wenn dies auch auf den ersten Blick vielleicht ein wenig dürftig erscheint, so läßt sich doch damit einiges anfangen, wie wir an einigen Beispielen vorführen wollen.

Beispiel „Zahlen erraten"   Als erstes soll ein bekanntes Spiel programmiert werden: Spieler A (bzw. hier der Rechner) „denkt" sich eine vierstellige ganze Zahl und Spieler B (hier der Benutzer) muß sie auf folgende Art erraten: er „schlägt" dem Spieler A eine vierstellige Zahl als Lösung „vor" und dieser muß angeben, wieviel Ziffern der vorgeschlagenen Zahl mit den Ziffern der gesuchten Zahl übereinstimmen und wieviele davon auch an der richtigen Stelle (Einer, Zehner, usw.) stehen. (Ein guter Spieler B errät die Zahl meist nach nicht mehr als 6 Fragen.)

---

[25] Darüber hinaus verfügen manche Rechner über die Möglichkeit der Ein- und Ausgabe von Programmen und Daten auf *Magnetkarten*.

z.B.: gedachte Zahl: 6292
  vorgeschlagene Zahl: 3265
  daher Antwort vom Spieler A: *zwei* richtig, *eine* an der
                               richtigen Stelle.

Wie soll sich der Rechner eine Zahl „denken"? Hier kann man auf den Begriff der *„Zufallszahl"* zurückgreifen. Eine sehr einfache Methode weitgehend „zufällige" Zahlen zu erzeugen ist die, die aktuelle Uhrzeit zu verwenden. Man kann z. B. die Uhrzeit in der Form hh.mm (h . . Stunde, m . . Minute, also z. B. 21.43) eingeben, aus dieser (zweistelligen Dezimalzahl) die Wurzel ziehen, davon den gebrochenen Teil $\boxed{\text{FRAC}}$ nehmen, mit 10 000 multiplizieren und vom Ergebnis den ganzzahligen Teil $\boxed{\text{INT}}$ nehmen. So erhält man stets eine vierstellige Zahl, die alle Ansprüche an Zufälligkeit erfüllt. Geht man von 21.43 aus, so erhält man nach obigen Schritten 6292 (Probieren Sie es bitte aus !).

Das Spiel soll nun so ablaufen, daß der Spieler anschließend eine vierstellige Zahl eintastet und der Rechner in der Form r.s (für 2 richtige, davon eine an der richtigen Stelle, also 2.1) die entsprechende Antwort gibt. Hat der Spieler die gesuchte Zahl erraten, so soll der Rechner blinkend die Anzahl der erforderlich gewesenen Fragen ausgeben.

Das Programm hat dann die folgende Grobstruktur:

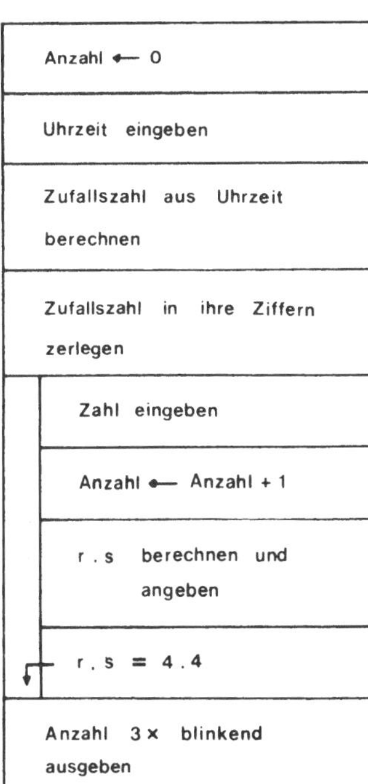

Abb. 6.1

8*

Der Programmteil „r.s berechnen und ausgeben" sieht im Detail wie folgt aus:

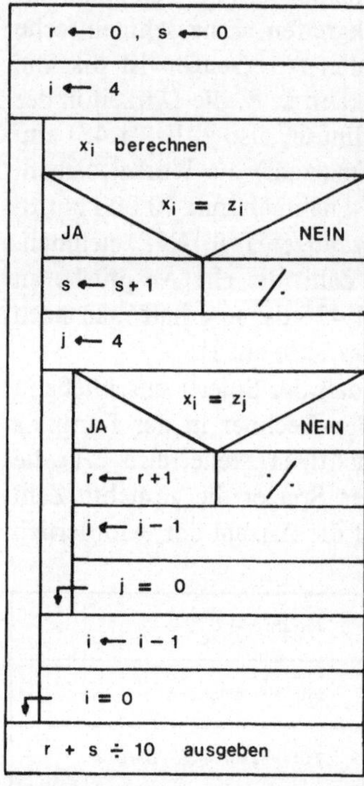

Abb. 6.2

Der Spieler braucht das Programm im Rechner freilich nicht zu kennen: für ihn genügt eine „Gebrauchsanweisung", die alle erforderlichen Schritte und Entscheidungen enthält. Schritte und Entscheidungen ? Dann lassen sich die Hinweise für den Benutzer wohl auch als Struktogramm aufzeichnen:

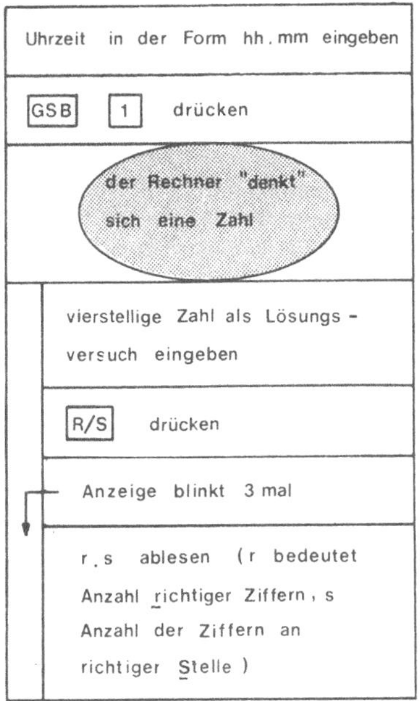

Abb. 6.3

Untenstehend finden Sie die Programme, die aus Abb. 6.1 entwickelt wurden (natürlich hätten Sie die Verfeinerung und Codierung auch selbst zustande gebracht). Als Hinweis zum Verständnis sei gesagt, daß im Programmteil „r.s berechnen" die eingetastete Zahl zwecks Analyse mittels fortlaufender Division durch 10 in ihre einzelnen Ziffern zerlegt wird; diese werden in die Speicherplätze 1 bis 4 gebracht. Speicherplatz 5 enthält die Anzahl der Versuche, die Zahl zu erraten, Platz 6 und 7 enhalten r bzw. s, in Speicher 8 wird der Index i aufgehoben und in Speicher 9 die eingetippte Zahl x, die dort zerlegt wird.

```
01 *LBL1 25 14 01     49 *LBL5 25 14 05        0.258 GSB1
02 FIX1  16 13 01     50   4         04      1274.0  R/S
03 CLRG     16 23     51  STO0    45 00         0.0   ***
04   √X     16 53     52   R↓         12      5678.0  R/S
05  FRC     25 52     53 *LBL6 25 14 06          2.2  ***
06  EEX        23     54  RCLi    55 12      5694.0  R/S
07   4         04     55   X⇄Y        11         2.1  ***
08   x         51     56  X≠Y?    16 51      5198.0  R/S
09   4         04     57  GTO7    14 07         2.1  ***
10  STO0    45 00     58   1         01      5716.0  R/S
11 *LBL2 25 14 02     59  ST+6 45 41 06          2.1  ***
12  X⇄Y        11     60   R↓         12      5879.0  R/S
13  INT     16 52     61  GTO8    14 08          6.   ***
14   1         01     62 *LBL7 25 14 07
15   0         00     63  DSZ     25 45
16   ÷         61     64  GTO6    14 06
17  ENT↑       21     65 *LBL8 25 14 08
18  FRC     25 52     66  RCL8    55 08
19  STOi    45 12     67   1         01
20  DSZ     25 45     68   -         31
21  GTO2    14 02     69  X>0?    25 41
22  CLX        24     70  GTO4    14 04
23 *LBL3 25 14 03     71  RCL6    55 06
24  R/S        64     72  RCL7    55 07
25  STO9    45 09     73   1         01
26   1         01     74   0         00
27  ST+5 45 41 05     75   ÷         61
28   0         00     76   +         41
29  STO6    45 06     77   4         04
30  STO7    45 07     78   .         63
31   4         04     79   4         04
32 *LBL4 25 14 04     80  X⇄Y        11
33  STO0    45 00     81  X≠Y?    16 51
34  STO8    45 08     82  GTO3    14 03
35  RCL9    55 09     83  FIX0 16 13 00
36  INT     16 52     84  RCL5    55 05
37   1         01     85  PSE     16 64
38   0         00     86  PSE     16 64
39   ÷         61     87  PSE     16 64
40  STO9    45 09     88  R/S        64
41  FRC     25 52
42  RCLi    55 12
43  X⇄Y        11
44  X≠Y?    16 51
45  GTO5    14 05
46   1         01
47  ST+7 45 41 07
48   R↓         12
```

```
000  76 LBL    053  42 STD    106  97 DSZ      21.55      0.258
001  11  A     054  06  06    107  00  00        0.0        0.0
002  58 FIX    055  42 STD    108  18 C'
003  09  09    056  07  07    109  32 X:T
004  99 PRT    057  04  4     110  76 LBL     1234.0     1234.0
005  58 FIX    058  76 LBL    111  19 D'         3.0        0.0
006  01  01    059  17 B'     112  43 RCL
007  47 CMS    060  42 STD    113  08  08
008  34 √X     061  00  00    114  75  -      5678.0     5678.0
009  22 INV    062  42 STD    115  01  1         1.0        2.2
010  59 INT    063  08  08    116  95  =
011  65  ×     064  43 RCL    117  32 X:T
012  01  1     065  09  09    118  00  0      6420.0     9057.0
013  52 EE     066  59 INT    119  32 X:T        3.3        4.1
014  04  4     067  55  ÷     120  67 EQ
015  95  =     068  01  1     121  15  E
016  42 STD    069  00  0     122  77 GE      1246.0     5097.0
017  10  10    070  95  =     123  17 B'         4.0        4.2
018  04  4     071  42 STD    124  76 LBL
019  42 STD    072  09  09    125  15  E
020  00  00    073  22 INV    126  43 RCL     6412.0     5079.0
021  76 LBL    074  59 INT    127  07  07        4.2        5.
022  16 A'     075  32 X:T    128  55  ÷
023  43 RCL    076  73 RC+    129  01  1
024  10  10    077  00  00    130  00  0      6421.0
025  59 INT    078  22 INV    131  85  +        6.
026  55  ÷     079  67 EQ     132  43 RCL
027  01  1     080  13  C     133  06  06
028  00  0     081  01  1     134  95  =
029  95  =     082  44 SUM    135  32 X:T
030  42 STD    083  07  07    136  04  4
031  10  10    084  76 LBL    137  93  .
032  22 INV    085  13  C     138  04  4
033  59 INT    086  04  4     139  32 X:T
034  72 ST*    087  42 STD    140  22 INV
035  00  00    088  00  00    141  67 EQ
036  97 DSZ    089  32 X:T    142  12  B
037  00  00    090  76 LBL    143  58 FIX
038  16 A'     091  18 C'     144  00  00
039  25 CLR    092  32 X:T    145  43 RCL
040  76 LBL    093  73 RC+    146  05  05
041  12  B     094  00  00    147  66 PAU
042  95  =     095  22 INV    148  66 PAU
043  99 PRT    096  67 EQ     149  66 PAU
044  98 ADV    097  14  D     150  99 PRT
045  91 R/S    098  01  1     151  91 R/S
046  99 PRT    099  44 SUM
047  42 STD    100  06  06
048  09  09    101  61 GTD
049  01  1     102  19 D'
050  44 SUM    103  76 LBL
051  05  05    104  14  D
052  00  0     105  32 X:T
```

Programm 6.1

Als zweites Beispiel wollen wir einen „Rechner für Volks-
schüler" simulieren, der zum Üben der Grundrechnungsarten programmiert ist. Der Schüler wählt durch Drücken einer der Tasten
+, *, — oder ÷ eine zu übende Rechnungsart. Nach R/S „erfindet"
der Rechner zwei zweistellige Operanden durch Errechnung einer

**Beispiel
Grund-
rechnungs-
arten üben**

Zufallszahl aus der Uhrzeit und zeigt sie in der Form aa.bb an (27.43 bedeutet also 27 und 43). Anschließend rechnet er selbst das Ergebnis aus und tastet es ein. Ist es richtig, kann das Spiel mit zwei neuen Operanden wiederholt werden; ist das Ergebnis falsch, werden die gleichen Operanden nochmals angezeigt. Als Struktogramm sieht die Gebrauchsanweisung so aus:

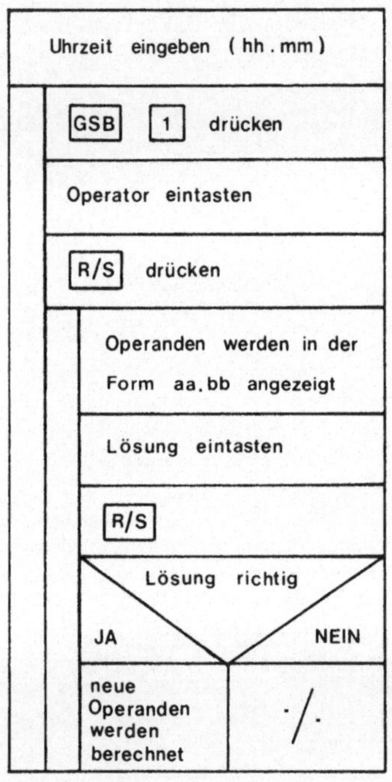

Abb. 6.4

Ein grobes Struktogramm für das Programm, das die Aufgabe löst, ist in Abb. 6.5 zu finden.

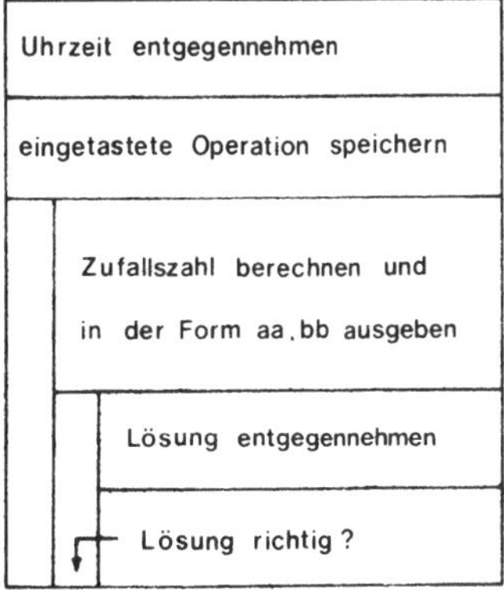

Abb. 6.5

Zum Verständnis des Maschinenprogrammes Programm 6.2. muß

```
01  *LBL1  25 14 01     14    √X     16 53     27  X⇄Y°       11     40    +          41
02  FIX2   16 13 02     15   FRC     25 52     28  ENT↑       21     41   RTN     25 13
03  STO1      45 01     16   EEX        23     29   INT    16 52     42  *LBL2  25 14 02
04   2           02     17    4         04     30  X⇄Y        11     43    -          31
05  ENT↑        21      18    x         51     31  FRC     25 52     44   RTN     25 13
06   3           03     19   INT    16 52      32  EEX        23     45  *LBL9  25 14 09
07  R/S         64      20   EEX        23     33   2         02     46    x          51
08  INT      16 52      21    2         02     34   x         51     47   RTN     25 13
09   3           03     22    ÷         61     35  GSBi    13 12     48  *LBL3  25 14 03
10   +           41     23  STO1     45 01     36  X=Y?    16 61     49    ÷          61
11  STO0     45 00      24 *LBL5  25 14 05     37  GTO4    14 04     50   INT     16 52
12 *LBL4   25 14 04     25  RCL1     55 01     38  GTO5    14 05     51   RTN     25 13
13  RCL1     55 01      26   R/S        64     39 *LBL8  25 14 08
```

Programm 6.2

noch gesagt werden, daß die Art der eingetasteten Operation durch einen numerischen Code verschlüsselt wird. Der Code wird mittels der Operation selbst nach der folgenden Vorschrift berechnet:

$$\text{Code} \leftarrow [2 \otimes 3] + 3.$$

$\otimes$ symbolisiert die eingetastete Operation, die eckigen Klammern bedeuten, daß der ganzzahlige Anteil des Ergebnisses genommen wird.

Diese Vorschrift liefert

Addition $[2 + 3] + 3 = 8$
Subtraktion $[2 - 3] + 3 = 2$
Multiplikation $[2 * 3] + 3 = 9$
Division $[2 \div 3] + 3 = 3$

Um die Operation auszuführen, wird der solcherart berechnete Code als Nummer jenes Unterprogrammes verwendet, in dem die entsprechende Instruktion enthalten ist. Der Aufruf des Unterprogrammes erfolgt mittels indirekter Adressierung (die Speicherzelle Ø enthält den Code und damit die Nummer des Unterprogrammes).

Beispiel Schulnotenstatistik   Das dritte Beispiel dient zur Erstellung einer Schulnotenstatistik. Die Noten (1 bis 5) werden eingetastet und die Anzahl des Auftretens jeder Note in den Speicherplätzen S1 bis S5 summiert. Zusätzlich wird die Eingabe überprüft (*„Plausibilitätskontrolle"*): Wird eine Zahl eingetastet, die kleiner als 1, größer als 5 oder nicht ganzzahlig ist, erscheint ERROR auf der Anzeige. Die einfachste Lösung sieht so aus:

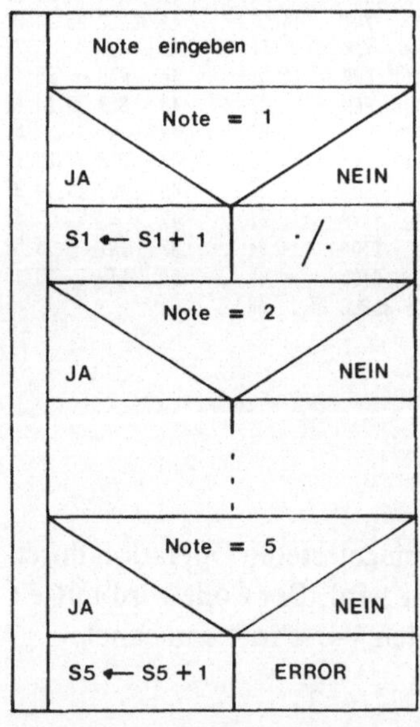

Abb. 6.6

Sieht Ihr Rechner indiziertes Ansprechen der Speicherplätze vor,
dann ist das folgende Struktogramm eleganter:

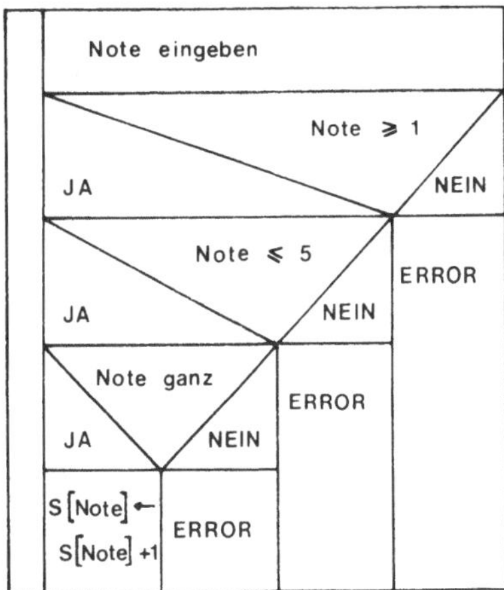

Abb. 6.7

Besitzt Ihr Rechner hingegen sogenannte *„Funktionstasten"*, so
ist folgende Lösung möglich (Plausibilitätskontrolle unnötig !):
statt die Note 1 numerisch einzutasten, drücken Sie auf Funktionstaste A, statt 2 auf B usw. In den Programmen, die den einzelnen
Funktionstasten zugeordnet sind, geschieht nichts anderes, als das
Hochzählen des Inhalts der entsprechenden Speicherzelle.

Eventuell könnte man noch die Funktionstasten a, b, c, d
und e dazu nützen, Programme aufzurufen, die den prozentualen
Anteil der einzelnen Noten berechnen. Dazu müßte man ein Unterprogramm schreiben, das von a, b, c, d und e aufzurufen ist und
die Gesamtzahl der eingetasteten Noten nach der Formel

$$S6 \leftarrow \sum_{i=1}^{5} S_i$$

berechnet, also die Inhalte der Zellen S1 bis S5 in S6 summiert.
(Die Formel läßt sich am elegantesten mit indizierter Speicher-

platzansteuerung programmieren.) Anschließend muß für die Note 1 (Funktionstaste a)

$$x \leftarrow S1/S6 * 100$$

berechnet werden; für die Noten 2 bis 5 (Tasten b . . . e) entsprechend.

```
01 *LBL1 25 14 01          GSB1          000  76 LBL        2.
02  CLRG     16 23   2.00  R/S           001  11   A        3.
03 *LBL2 25 14 02    3.00  R/S           002  25 CLR        5.
04  RCL0     55 00    5.00  R/S          003  47 CMS        1.
05   R/S        64    1.00  R/S          004  76 LBL        2.
06    1         01    2.00  R/S          005  12   B        5.
07  X>Y?     16 41    5.00  R/S          006  91 R/S        0.
08  GTO3     14 03    0.00  R/S          007  32 X:T   9.9999999 99?
09   X:Y        11          ERROR        008  00   0
10    5         05          GSB2         009  77  GE
11   X:Y        11    3.00  R/S          010  13   C
12  X>Y?     16 41    5.00  R/S          011  05   5        3.
13  GTO3     14 03                       012  22 INV        5.
14  ENT↑        21                       013  77  GE
15   FRC     25 52          PREG         014  13   C
16  X≠0?     25 51                       015  32 X:T
17  GTO3     14 03    5.00     0         016  65   ×
18   X:Y        11    1.00     1         017  32 X:T
19  STO0     45 00    2.00     2         018  01   1        5.        00
20    1         01    2.00     3         019  95   =        1.        01
21  ST+i  45 41 12    0.00     4         020  59 INT        2.        02
22  GTO2     14 02    3.00     5         021  22 INV        2.        03
23 *LBL3 25 14 03                        022  67  EQ        0.        04
24   CLX        24                       023  13   C        3.        05
25   1/X     25 64                       024  32 X:T
26  GTO2     14 02                       025  42 STO
27   R/S        64                       026  00   00
                                         027  01   1
                                         028  74 SM*
                                         029  00   00
                                         030  43 RCL
                                         031  00   00
                                         032  61 GTO
                                         033  12   B
                                         034  76 LBL
                                         035  13   C
                                         036  25 CLR
                                         037  35 1/X
                                         038  61 GTO
                                         039  12   B
```

Programm 6.3

7. Hat der Rechner immer recht?
(Gedanken zur Genauigkeit)

Zugegeben, die Frage nach der unbedingten Zuverlässigkeit Ihres Rechners ist ein wenig provokant. Wir meinen damit aber natürlich auch nicht, daß die Multiplikation von 3 und 4 vielleicht manchmal als Ergebnis 13 liefert. Nein, nein, in den allermeisten Fällen können Sie sich schon auf die Maschine verlassen. Sie „irrt" sich nicht, keine Angst. Und dennoch gibt es Grenzen. Grenzen, die sehr weit gesteckt sind, aber doch vorhanden. Und man sollte sie wenigstens kennen. Denn immerhin gibt es Fälle, wo man sie nichtsahnend überschreitet − und das kann sehr unangenehm sein.

Sehen wir uns ein Beispiel an: der Wert von π soll näherungsweise als halber Umfang eines regelmäßigen, einem Kreis vom Radius 1 eingeschriebenen Vielecks berechnet werden. Beginnt man etwa mit einem regelmäßigen Sechseck und verdoppelt die Eckenanzahl des Vielecks mit jedem Schritt, so erhält man immer bessere Näherungen an den Kreis und damit an π. Ist s_{alt} die Seitenlänge eines regelmäßigen Vieleckes, so erhält man s_{neu}, die Seitenlänge des regelmäßigen Vieleckes mit der doppelten Eckenzahl durch die Formel

$$s_{neu} = \sqrt{2-\sqrt{4-s_{alt}^2}} \qquad [26]$$

Beispiel
Näherung
für π

---

[26] Die Formel läßt sich aus nebenstehender Zeichnung ableiten:

Das Progràmm könnte lauten:

```
   s ←— 1
   n ←— 6

      n ←— 2 * n

      s ←— √‾2 − √‾4 − s²‾

      Ausgabe  n * s ÷ 2
```

Abb. 7.1

wobei n * s/2 der durch das n-Eck angenäherte halbe Umfang des Kreises vom Radius 1, also der Näherungswert für π ist:

```
01 *LBL1 25 14 01     3.105828539 ***        000   76 LBL      3.10582854
02   1        01      3.132628603 ***        001   11  A       3.13262861
03 ST01    45 01      3.139350180 ***        002   01  1       3.13935020
04   6        06      3.141031759 ***        003   42 STO      3.14103195
05 ST02    45 02      3.141452403 ***        004   01  01      3.14145247
06 *LBL2 25 14 02     3.141556547 ***        005   06  6       3.14155761
07   2        02      3.141580015 ***        006   42 STO      3.14158389
08 ST×2 45 51 02      3.141580015 ***        007   02  02      3.14159044
09   2        02      3.141486140 ***        008   76 LBL      3.14159203
10 ENT↑     21        3.141961624 ***        009   16  A'      3.14159278
11   4        04      3.144863882 ***        010   02  2       3.14159729
12 RCL1    55 01      3.156844359 ***        011   49 PRD      3.14159729
13   X²     25 53     3.204318366 ***        012   02  02      3.14159729
14   −         31     3.108645431 ***        013   43 RCL      3.14188565
15   √X     16 53     3.108645431 ***        014   01  01      3.14265450
16   −         31     0.000000000 ***        015   33  X²      3.14572800
17   √X     16 53     0.000000000 ***        016   94 +/−      3.17020874
18 ST01    45 01      0.000000000 ***        017   85  +       3.24254220
19 RCL2    55 02                             018   04  4       3.51703082
20   ×         51                            019   95  =       4.44873120
21   2        02                             020   34 √X       6.29145600
22   ÷         61                            021   94 +/−     12.58291200
23 PPTX       65                             022   85  +      25.16582400
24 GT02    14 02                             023   02  2      50.33164800
25 R/S        64                             024   95  =     100.6632960
                                             025   34 √X
                                             026   42 STO
                                             027   01  01
                                             028   65  ×
                                             029   43 RCL
                                             030   02  02
                                             031   55  ÷
                                             032   02  2
                                             033   95  =
                                             034   99 PRT
                                             035   61 GTO
                                             036   16  A'
```

Programm 7.1

Zunächst nähert sich das Ergebnis π ziemlich gut, doch dann wird es wieder schlechter !

Was ist passiert ? Die Erklärung für dieses Phänomen liegt darin, daß die Werte für die Vieleckseiten mit wachsendem n immer kleiner werden. In der Berechnungsvorschrift

$$s \leftarrow \sqrt{2-\sqrt{4-s^2}}$$

liefert jedoch die Subtraktion

$$4-s^2$$

ein immer ungenaueres Ergebnis, je kleiner s wird. Die Genauigkeit des Ergebnisses nimmt daher wieder ab, bis s schließlich so klein wird, daß

$$\sqrt{4-s^2}$$

den Wert 2 liefert.

$$\sqrt{2-\sqrt{4-s^2}}$$

ist ab dann natürlich stets Null[27].

Schön und gut, werden Sie sagen, das ist sehr bedauerlich; aber was kann man dagegen tun ? Um diese Frage zu beantworten, wollen wir die Sache systematisch angehen.

Derartige sogenannte *numerische Fehler* lassen sich in drei Gruppen einteilen:
1) *Rechenfehler*, das sind Fehler, die auf Grund der begrenzten Anzahl geltender Stellen im Rechner (bei Kleinrechnern meist 10), auftreten;
2) *Verfahrensfehler*, das sind solche, die bei Näherungsverfahren wegen der endlichen Anzahl von Näherungsschritten auftreten;
3) *Datenfehler*, die durch ungenaue Eingabewerte entstehen.

Wir wollen jede Fehlerart an Hand von Beispielen gesondert untersuchen und dabei mit den Rechenfehlern beginnen.

Bekanntlich sind die Grundrechnungsarten „Addieren" und „Multiplizieren" *kommutativ*, das heißt

---

[27] Beim TI-Rechner entsteht anstelle von Null ein kleiner konstanter Wert.

$$a + b = b + a$$

bzw.

$$a * b = b * a$$

und *assoziativ*, d. h.

$$a + (b + c) = (a + b) + c$$

bzw.

$$a * (b * c) = (a * b) * c.$$

Diese Gesetze gelten auf dem Rechner nicht mehr unbedingt !

Wenn z. B. $a = \dfrac{2}{3}$, $b = \left(\dfrac{2}{3}\right)^2$, $c = \left(\dfrac{2}{3}\right)^3$ ist, dann ist

$$(a + b) + c \neq a + (b + c).$$

Rechnen Sie bitte mit:

$$(a + b) + c = \left(\frac{2}{3} + \left(\frac{2}{3}\right)^2\right) + \left(\frac{2}{3}\right)^3 = \ldots = 1.407407407$$

$$a + (b + c) = \frac{2}{3} + \left(\left(\frac{2}{3}\right)^2 + \left(\frac{2}{3}\right)^3\right) = \ldots = 1.407407408$$

Der Unterschied ist zwar gering, aber doch unerwartet. Was ist passiert ?
a, b und c haben sehr unterschiedliche Größe; es gilt

$$a \gg b \gg c \quad [28]$$

Würde man die geltenden Stellen von a, b, und c graphisch darstellen, so sähe das etwa so aus:

---

[28] Das Zeichen $\gg$ bedeutet „sehr viel größer".

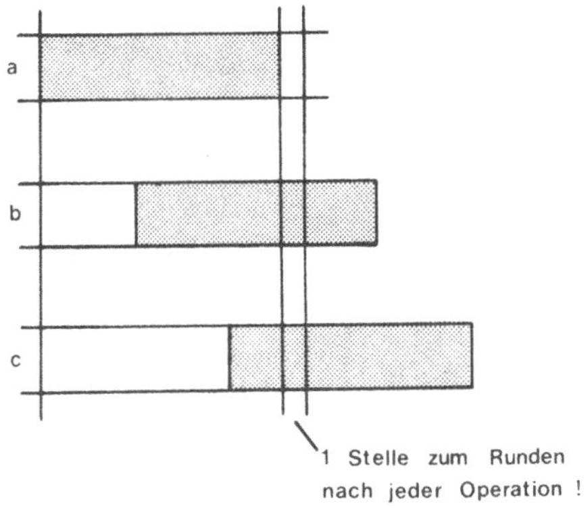

Abb. 7.2

Bei der *Addition von Zahlen sehr unterschiedlicher Größenord-nung* tritt daher ein *Stellenverlust* auf.
Das ist die erste Erkenntnis, die wir vermerken wollen.

Multiplikation und Addition sind in der „gewöhnlichen Mathematik" *distributiv*, das heißt, es gilt:

$$(a-b) * c = a * c - b * c \qquad \text{[29]}$$

In der Computerarithmetik gilt auch dieses Gesetz nicht mehr unbedingt. Falls a und b annähernd gleich groß sind, wird

$$a-b$$

sehr klein. Ist z. B. a = 1/12345 und b = 1/12346, während c groß ist, z. B. 987 654 321, so ergibt

$$(a-b) * c = 6.480197531$$

aber

$$a * c - b * c = 6.480200000.$$

---

[29] Die Subtraktion kann als Addition einer Zahl mit umgekehrtem Vorzeichen aufgefaßt werden.

9 Schauer/Barta, Methoden der Programmierung

Die Differenz

$$a-b$$

hat eben nur sehr wenig geltende Stellen; auf 10 Stellen gerundet ist die nämlich

$$0.000\ 000\ 007.$$

Multipliziert man sie mit c, wird das Ergebnis eben entsprechend ungenau !

Daher die zweite Erkenntnis: auch bei *Subtraktion annähernd gleicher Zahlen* tritt ein Stellenverlust auf.

Fort-
setzung
des
Beispiels π

Das war ja auch das Problem bei der Berechnung von π nach Programm 7.1 ! Zum Glück kann man hier leicht Abhilfe schaffen. Formt man den Ausdruck

$$s_{neu} = \sqrt{2-\sqrt{4-s_{alt}^{2}}}$$

um in

$$s_{neu} = \frac{s_{alt}}{\sqrt{2 + \sqrt{4-s_{alt}^{2}}}} \qquad 30$$

und berechnet die Näherung für π nach Programm 7.2:

```
01 *LBL1 25 14 01     15   2        02                 GSB1      3.141592655 ***
02    1        01     16   +        41    3.105828541 ***        3.141592656 ***
03  ST01    45 01     17   √X    16 53    3.132628612 ***        3.141592656 ***
04    6        06     18  1/X    25 64    3.139350202 ***        3.141592656 ***
05  ST02    45 02     19  RCL1   55 01    3.141031958 ***
06 *LBL2 25 14 02     20   x        51    3.141452471 ***
07    2        02     21  ST01    45 01   3.141557607 ***
08  STx2 45 51 02     22  RCL2   55 02    3.141583891 ***
09  RCL1    55 01     23   x        51    3.141590462 ***
10   Y2    25 53      24   2        02    3.141592105 ***
11  CHS       22      25   ÷        61    3.141592517 ***
12    4        04     26  PRTX      65    3.141592621 ***
13    +        41     27  ST02   14 02    3.141592646 ***
14   √X    16 53      28  R/S       64    3.141592653 ***
```

---

30   $\sqrt{2-\sqrt{4-s_{alt}^{2}}} = \sqrt{\dfrac{(2-\sqrt{4-s_{alt}^{2}})\,(2 + \sqrt{4-s^{2}})}{(2 + \sqrt{4-s_{alt}^{2}})}} = \sqrt{\dfrac{4-(4-s_{alt}^{2})}{2 + \sqrt{4-s_{alt}^{2}}}} =$

$= \sqrt{\dfrac{s_{alt}^{2}}{2 + \sqrt{4-s_{alt}^{2}}}} = \dfrac{s_{alt}}{\sqrt{2 + \sqrt{4-s_{alt}^{2}}}}$

```
000   76 LBL       021   85  +        3.105828541
001   11  A        022   02  2        3.132628613
002   01  1        023   95  =        3.139350203
003   42 STO       024   34 ɼX        3.141031951
004   01  01       025   35 1/X       3.141452472
005   06  6        026   65  ×        3.141557608
006   42 STO       027   43 RCL       3.141583892
007   02  02       028   01  01       3.141590463
008   76 LBL       029   95  =        3.141592106
009   16  A'       030   42 STO       3.141592517
010   02  2        031   01  01       3.141592619
011   49 PRD       032   65  ×        3.141592645
012   02  02       033   43 RCL       3.141592651
013   43 RCL       034   02  02       3.141592653
014   01  01       035   55  ÷        3.141592653
015   33 X²        036   02  2        3.141592654
016   94 +/-       037   95  =        3.141592654
017   85  +        038   99 PRT
018   04  4        039   61 GTO
019   95  =        040   16  A'
020   34 ɼX
```

Programm 7.2

so erhält man offensichtlich wesentlich bessere Ergebnisse. Obwohl bei sehr kleinem s

$$\sqrt{4-s^2}$$

auch gleich 2 wird, wird

$$\frac{\sqrt{4-s^2}}{\sqrt{2+\sqrt{4-s^2}}}$$

nicht Null, sondern 2 und das Ergebnis wird ab einer bestimmten Genauigkeit nicht mehr weiter verbessert, sondern „steht". Aber die Näherung stimmt auf 9 Stellen !

Diese Umformungen sollen noch an drei weiteren Beispielen gezeigt werden.

Will man etwa   **Beispiel**

$$y = \frac{1}{x} - \frac{1}{x+1} \tag{1}$$

berechnen (für große Werte von x die Differenz zweier annähernd gleich großer Zahlen), formt man den Ausdruck (1) besser um in

$$y = \frac{1}{x\,(x+1)}\,,$$

was durch „auf gemeinsamen Nenner bringen" erreicht wird. Ist z. B.

$$x = 2.5 * 10^9, \text{ so ergibt sich nach (1)}$$

$$y = 2.000\,000\,000 * 10^{-19}$$

jedoch nach (2)

$$y = 1.599\,999\,999 * 10^{-19} \,! \text{ (Bitte nachrechnen)}$$

Doch nicht genug mit dieser durch Stellenauslöschung bedingten Diskrepanz, liefert (1) für gewisse kleine x Null (und zwar dann, wenn die Addition von 1 beim Kehrwertberechnen nichts mehr bringt) während (2) zumindest $1/x^2$ liefert.

$$Z. B. \quad x = 5 * 10^9$$

Dann ist nach (1)

$$y = 0$$

und nach (2)

$$y = 3.999\,999\,998 * 10^{-20} \; ! \text{ (Bitte nachrechnen)}$$

Beispiel   Noch ein Beispiel: Statt

$$y = \frac{\sqrt{1+x} - \sqrt{1-x}}{x} \tag{2}$$

rechnet man wegen der Stellenauslöschung durch die Subtraktion bei kleinen Werten von x viel besser

$$y = \frac{2}{\sqrt{1+x} + \sqrt{1-x}} \tag{3}$$

(was man durch Erweitern von (2) mit $\sqrt{1+x} + \sqrt{1-x}$ erhält). Außerdem ist (3) auch für $x = 0$ anwendbar und liefert $y = 1$, während (2) in diesem Fall nicht auswertbar ist.

Ist z. B. $x = 1.5 * 10^{-10}$, so liefert (2)

$$y = 0.666\,666\,667$$

und (3)

$$y = 1.\,000\,000\,000.$$

Bei $x = 2.0 * 10^{-10}$ ergibt (2)

$$y = 0.500\,000\,000$$

und (3)

$$y = 1.000\,000\,000.$$

Rechnen Sie bitte nach ! Das sind schon sehr beachtliche Unterschiede. Auch bei nicht ganz so kleinem s ergeben sich noch Differenzen. Etwa mit $x = 1.2345 * 10^{-6}$ errechnet sich mit (2)

$$y = 0.999\,837\ \,9911$$

mit (3) jedoch
$$y = 1.000\,000\,000.$$

Ein drittes und letztes Beispiel: **Beispiel**
Die Funktionsauswertung

$$y = \frac{1-\cos x}{\sin x} \qquad (4)$$

ergibt für $x \approx 0$, also $\cos x \approx 1$ Stellenverlust durch Auslöschung bei der Subtraktion. Erweitert man (4) mit $1 + \cos x$, so erhält man

$$y = \frac{1-\cos^2 x}{\sin x\,(1 + \cos x)}\;.$$

Hier kann man durch $\sin x$ kürzen, wenn man sich erinnert, daß

$$1-\cos^2 x = \sin^2 x$$

ist, und man erhält

$$y = \frac{\sin x}{1 + \cos x}\;.$$

Für $x = 10^{-5}$ liefert (4)
$$y = 0$$

und (5)
$$y = 0.000\,000\,87.$$

Für $x = 10^{-3}$ ergibt (4)
$$y = 0.000\,011\,459$$

und (5)
$$y = 000\,008\;727.$$

Selbst für $x = 10^{-2}$ führt (4) noch auf

$$y = 0.000\,087\;090$$

jedoch (5) auf

$$y = 0.000\,087\,266.$$

Ganz anders liegen die Dinge beim *Verfahrensfehler*. Berechnet man etwa π mit Hilfe der unendlichen Reihe

$$\frac{\pi}{4} = 1 - \frac{1}{3} + \frac{1}{5} - \frac{1}{7} + \frac{1}{9} - + \ldots$$

so liefert ein Programm, das z. B. die ersten tausend Glieder dieser Reihe addiert

```
01 *LBL1 25 14 01        1.000000000  ***        000  76 LBL                1.
02  CLRG     16 23       0.666666667  ***        001  11  A          .6666666667
03   1         01        0.866666667  ***        002  47  CMS        .8666666667
04  ST00     45 00       0.723809524  ***        003  01   1         .7238095238
05   3         03        9.834920635  ***        004  42  STO        .8349206349
06  CHS         22       0.744011544  ***        005  00  00        0.744011544
07  ST01     45 01       0.820934621  ***        006  03   3         .8209346209
08 *LBL2 25 14 02        0.754267954  ***        007  94 +/-         .7542679543
09  RCL0     55 00       0.813091484  ***        008  42  STO        .8130914837
10   1/X     25 64       0.760459905  ***        009  01  01         .7604599047
11  ST+2 45 41 02        0.808078952  ***        010  76 LBL         .8080789524
12  RCL2     55 02       0.764600691  ***        011  16  A'         .7646006915
13  PRTX        65       0.804600691  ***        012  43 RCL         .8046006915
14  RCL1     55 01       0.767563654  ***        013  00  00         .7675636544
15   1/X     25 64       0.902046413  ***        014  35 1/X         .8020464131
16  ST+2 45 41 02        0.769788349  ***        015  44 SUM         .7697883485
17  RCL2     55 02       0.800091379  ***        016  02  02         .8000913789
18  PRTX        65       0.771519950  ***        017  43 RCL         .7715199503
19   4         04        0.798546977  ***        018  02  02         .7985469773
20  ST+0 45 41 00        0.772905952  ***        019  99 PRT         .7729059517
21  CHS         22       0.797296196  ***        020  43 RCL         .7972961956
22  ST+1 45 41 01        0.774040382  ***        021  01  01         .7740403816
23  GTO2     14 02       0.796262604  ***        022  35 1/X         .7962626038
24  R/S         64                               023  44 SUM
                                                 024  02  02
                                                 025  43 RCL
                                                 026  02  02
                                                 027  99 PRT
                                                 028  04   4
                                                 029  44 SUM
                                                 030  00  00
                                                 031  94 +/-
                                                 032  44 SUM
                                                 033  01  01
                                                 034  61 GTO
                                                 035  16  A'
```

Programm 7.3

ein Ergebnis, das mit dem genauen Wert nur auf 3 Stellen übereinstimmt. Das Problem liegt in diesem Falle ganz einfach darin, daß die genannte Reihe sehr langsam konvergiert (das heißt, sich ihrer Summe nähert).

Wesentlich bessere Ergebnisse lassen sich mit einer Variante dieser Näherung erzielen:

Die erwähnte Reihe ist nämlich ein Spezialfall der Arkustangensreihe

$$\arctan x = x - \frac{x^2}{3} + \frac{x^2}{5} - + \ldots$$

die für x = 1 die Summe $\dfrac{\pi}{4}$ ergibt und umso besser konvergiert, je kleiner x ist.

Anstatt also π durch

$$\pi = 4 * \text{arctan } 1$$

zu berechnen, verwendet man mit Vorteil die Kombination mehrere Arkustangensreihen mit kleinem x. Die folgende Kombination etwa wurde schon von Gauß angegeben:

$$\pi = 48 \text{ arctan } \frac{1}{18} + 32 \text{ arctan } \frac{1}{57} - 20 \text{ arctan } \frac{1}{239}.$$

Um diese (genaue) Beziehung näherungsweise zu berechnen, wurde im folgenden Programm die Arkustangensreihe als Unterprogramm programmiert, in dem nur die ersten zehn Glieder der Reihe aufsummiert werden. Das Ergebnis — auf 10 Stellen korrekt — spricht für sich bzw. für die ausgezeichnete Konvergenz der Arkustangensreihe.

```
01 *LBL1 25 14 01      30 *LBL2 25 14 02               GSB1
02   1         01      31  STO2    45 02      3.141592654  ***
03   8         08      32  ENT1       21
04  1/X     25 64      33   x²     25 53
05  GSB2    13 02      34  STO5    45 05
06   4         04      35   x         51
07   8         08      36  STO3    45 03
08   x         51      37   1         01
09  STO1    45 01      38  STO4    45 04
10   5         05      39 *LBL3 25 14 03
11   7         07      40   2         02
12  1/X     25 64      41  ST+4 45 41 04
13  GSB2    13 02      42  RCL3    55 03
14   3         03      43  CHS        22
15   2         02      44  STO3    45 03
16   x         51      45  RCL4    55 04
17  ST+1 45 41 01      46   ÷         61
18   2         02      47  ST+2 45 41 02
19   3         03      48  RCL5    55 05
20   9         09      49  STx3 45 51 03
21  1/X     25 64      50   2         02
22  GSB2    13 02      51   0         00
23   2         02      52  RCL4    55 04
24   0         00      53  X≤Y?    16 31
25   x         51      54  GTO3    14 03
26  ST-1 45 31 01      55  RCL2    55 02
27  RCL1    55 01      56  RTN     25 13
28  PRTX       65      57  R/S        64
29  R/S        64
```

```
000  76 LBL      021  95  =        041  76 LBL       064  05  05
001  11  A       022  44 SUM       042  12  B        065  94 +/-
002  01  1       023  01  01       043  42 STO       066  42 STO
003  08  8       024  02  2        044  04  04       067  05  05
004  35 1/X      025  03  3        045  65  ×        068  55  ÷
005  71 SBR      026  09  9        046  33  X²       069  43 RCL
006  12  B       027  35 1/X       047  42 STO       070  06  06
007  65  ×       028  71 SBR       048  07  07       071  95  =
008  04  4       029  12  B        049  95  =        072  44 SUM
009  08  8       030  65  ×        050  42 STO       073  04  04
010  95  =       031  02  2        051  05  05       074  43 RCL
011  42 STO      032  00  0        052  01  1        075  07  07
012  01  01      033  95  =        053  42 STO       076  49 PRD
013  05  5       034  22 INV       054  06  06       077  05  05
014  07  7       035  44 SUM       055  02  2        078  43 RCL
015  35 1/X      036  01  01       056  00  0        079  06  06
016  71 SBR      037  43 RCL       057  32 X:T       080  22 INV
017  12  B       038  01  01       058  76 LBL       081  77 GE
018  65  ×       039  99 PRT       059  17 B'        082  17 B'
019  03  3       040  91 R/S       060  02  2        083  43 RCL
020  02  2                         061  44 SUM       084  04  04
                                   062  06  06       085  92 RTN
                                   063  43 RCL
                                                  3.141592654
```

Programm 7.4

Die Schlußfolgerung, die daraus zu ziehen ist, liegt auf der Hand: Bei der Verwendung von Näherungslösungen ist stets zu berücksichtigen, ob die erforderliche Genauigkeit überhaupt erreicht werden kann bzw. welcher Aufwand (an Wiederholungen etwa) dazu notwendig ist.

Bleibt noch der *Datenfehler*. Es leuchtet unmittelbar ein, daß ein Programm niemals Ergebnisse liefern kann, die genauer als die verarbeiteten Daten sind. Im allgemeinen werden die Resultate sogar wesentlich ungenauer sein als die Daten. Wie schlimm sich Datenfehler auswirken können, ist stark vom verwendeten Algorithmus abhängig; bei der Verwendung von Daten mit *bekanntem Genauigkeitsgrad* (etwa gemessenen Größen) ist diesem Problem jedoch stets Aufmerksamkeit zu schenken.

Auch dazu ein Beispiel — konstruiert zwar, aber kraß. Und niemand schützt Sie vor ähnlichen Dingen, wenn Sie nicht selbst darauf achten:

Beispiel Gleichungssystem Ein Gleichungssystem mit 2 Unbekannten x und y der Form

$$ax + by = c$$
$$dx + ey = f \tag{6}$$

(wobei a, b, c, d, e, f reelle Zahlen symbolisieren) hat unter bestimmten Voraussetzungen eine eindeutige Lösung für x und y.

Nehmen wir an, wir hätten das System

$$100\,x + 99\,y = c$$

$$99\,x + 98\,y = f$$

wobei c und f an Meßinstrumenten abgelesenen Größen seien. Für c wird 189.9903 (anstatt des exakten Wertes 199) und für f der Wert 197.0106 (anstatt genau 197) abgelesen. Anstatt des genauen Systems

$$100\,x + 99\,y = 199$$

$$99\,x + 98\,y = 197$$

dessen Lösung ganz offensichtlich x = y = 1 lautet, haben wir also das Gleichungssystem

$$100\,x + 99\,y = 198.9903$$

$$99\,x + 98\,y = 197.0106$$

vor uns.

Aus der allgemeinen Form (6) des Gleichungssystemes folgt

$$x = \frac{ce-bf}{ae-bd} \qquad y = \frac{af-cd}{ae-bd} \; .$$

Im folgenden Programm wird x und y aus den in der Reihenfolge a, b, c, d, e, f einzugebenden Daten berechnet.

```
01 *LBL1 25 14 01    18  -      31      35  x      51
02  6        06      19 STO7 45 07      36  -      31
03 STO0   45 00      20 RCL4 55 04      37 RCL7 55 07
04 *LBL2 25 14 02    21 RCL2 55 02      38  ÷      61
05 RCLi   55 12      22  x      51      39 PRTX    65
06 R/S       64      23 RCL5 55 05      40 R/S     64
07 PRTX      65      24 RCL1 55 01
08 STOi   45 12      25  x      51
09 DSZ    25 45      26  -      31
10 GTO2   14 02      27 RCL7 55 07
11 SPC    25 65      28  ÷      61
12 RCL6   55 06      29 PRTX    65
13 RCL2   55 02      30 RCL6 55 06
14  x        51      31 RCL1 55 01
15 RCL5   55 05      32  x      51
16 RCL3   55 03      33 RCL4 55 04
17  x        51      34 RCL3 55 03
```

```
        GSB1                        GSB1
     100.00   ***              100.0000   ***
      99.00   ***               99.0000   ***
     199.00   ***              198.9903   ***
      99.00   ***               99.0000   ***
      98.00   ***               98.0000   ***
     197.00   ***              197.0106   ***

       1.00   ***                3.0000   ***
       1.00   ***               -1.0203   ***
```

```
000  76 LBL      018  06  06      036  75  -        054  43 RCL
001  11  A       019  65  ×       037  43 RCL       055  04  04
002  06  6       020  43 RCL      038  05  05       056  65  ×
003  42 STO      021  02  02      039  65  ×        057  43 RCL
004  00  00      022  75  -       040  43 RCL       058  03  03
005  76 LBL      023  43 RCL      041  01  01       059  95  =
006  16 A'       024  05  05      042  95  =        060  55  ÷
007  73 RC*      025  65  ×       043  55  ÷        061  43 RCL
008  00  00      026  43 RCL      044  43 RCL       062  07  07
009  91 R/S      027  03  03      045  07  07       063  95  =
010  99 PRT      028  95  =       046  95  =        064  99 PRT
011  72 ST*      029  42 STO      047  99 PRT       065  91 R/S
012  00  00      030  07  07      048  43 RCL           100.
013  97 DSZ      031  43 RCL      049  06  06            99.
014  00  00      032  04  04      050  65  ×           199.
015  16 A'       033  65  ×       051  43 RCL            99.
016  98 ADV      034  43 RCL      052  01  01            98.
017  43 RCL      035  02  02      053  75  -           197.


                                                          1.
                                                          1.


                                                        100.
                                                         99.
                                                   198.9903
                                                         99.
                                                         98.
                                                   197.0106


                                                          3.
                                                    -1.0203
```

Programm 7.5

Statt x = 1 erhält man also x = 3 und statt y = 1 ergibt sich
y = −1.0203. Und das bei einem Datenfehler von nur 0.0049%
bzw. 0.0054% !
Bei Verwendung ungenauer Daten ist also stets größte Vorsicht
geboten !

8. Beispiele aus der Numerik

Beispiel 8.1. Nullstelle einer Funktion mittels Bisektion

Unter der Nullstelle einer Funktion $y = f(x)$ versteht man jene Stelle $\bar{x}$ für die gilt $f(\bar{x}) = 0$.

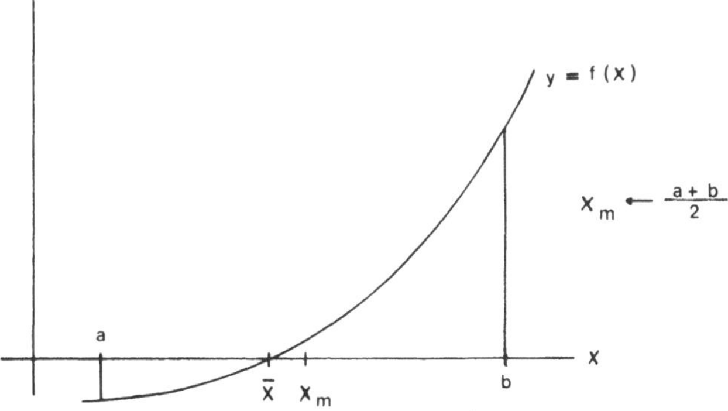

Abb. 8.1

Falls eine algebraische Berechnung der Nullstelle unmöglich ist (z. B. bei transzendenten Funktionen), bietet die Bisektion eine Möglichkeit der näherungsweisen Berechnung. Von einem Intervall $[a, b]$, in dem die Nullstelle liegt, ausgehend, werden immer kleinere Intervalle berechnet, indem der Funktionswert in der Intervallmitte x_m ermittelt wird. Hat $f(x_m)$ dasselbe Vorzeichen wie $f(a)$, dann ist $[x_m, b]$ das neue, kleinere Intervall, andernfalls $[a, x_m]$. Das Verfahren wird solange wiederholt, bis $f(x_m) = 0$ ist oder die Differenz zweier aufeinanderfolgend berechneter Lösungen kleiner als eine vorgegebene Genauigkeitsschranke ϵ ist.

Als Grobstruktogramm sieht das wie folgt aus:

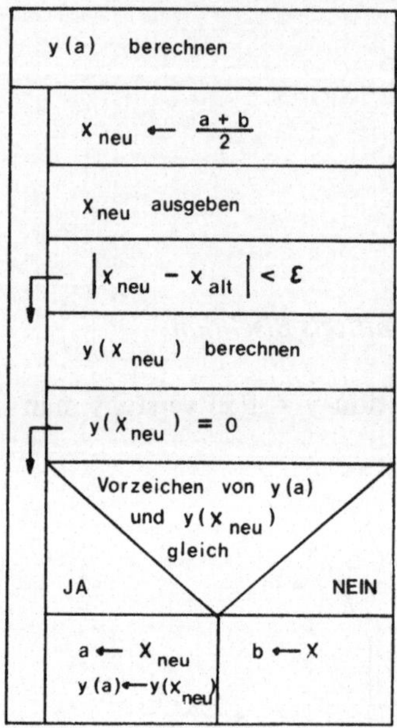

Abb. 8.2

Vergibt man die Speicherplätze nach folgender Tabelle

Speicherplatz S		Inhalt
0	. . .	ϵ
1	. . .	x
2	. . .	a
3	. . .	b
4	. . .	y(x)
5	. . .	y(a)

so ergibt sich das Programm:

```
01  *LBL1  25 14 01      10    2        02      19  X>Y?   16 41      28  GT08     14 08
02  RCL2      55 02      11    ÷        61      20  R/S       64      29  RCL1     55 01
03  ST01      45 01      12  PRTX       65      21  GSB2   13 02      30  ST02     45 02
04  GSB2      13 02      13  RCL1    55 01      22  X=0?   25 61      31  RCL4     55 04
05  ST05      45 05      14  X⇄Y        11      23  R/S       64      32  ST05     45 05
06  *LBL9  25 14 09      15  ST01    45 01      24  ST04   45 04      33  GT09     14 09
07  RCL2      55 02      16    -        31      25  RCL5   55 05      34  *LBL8  25 14 08
08  RCL3      55 03      17  ABS     25 54      26    x      51      35  RCL1     55 01
09    +        41      18  RCL0    55 00      27  X<0?   25 31      36  ST03     45 03
                                                                     37  GT09     14 09
```

```
000  76 LBL     017  95  =      034  32 X≷T     051  95  =
001  11  A      018  55  ÷      035  22 INV     052  22 INV
002  43 RCL     019  02  2      036  77 GE      053  77 GE
003  02  02     020  95  =      037  81 RST     054  13  C
004  42 STO     021  99 PRT     038  32 X≷T     055  43 RCL
005  01  01     022  66 PAU     039  71 SBR     056  01  01
006  71 SBR     023  66 PAU     040  14  D      057  42 STO
007  14  D      024  48 EXC     041  32 X≷T     058  02  02
008  42 STO     025  01  01     042  00  0      059  43 RCL
009  05  05     026  75  -      043  32 X≷T     060  04  04
010  76 LBL     027  43 RCL     044  67 EQ      061  42 STO
011  12  B      028  01  01     045  81 RST     062  05  05
012  43 RCL     029  95  =      046  42 STO     063  61 GTO
013  02  02     030  50 I×I     047  04  04     064  12  B
014  85  +      031  32 X≷T     048  65  ×
015  43 RCL     032  43 RCL     049  43 RCL
016  03  03     033  00  00     050  05  05
```

Programm 8.1

1. Beispiel: Es soll die Gleichung x = cos x gelöst werden. Ändert man die Aufgabenstellung, um auf die Suche nach der Nullstelle von

$$f(x) = x - \cos x,$$

so löst unser Programm die Aufgabe hier im Intervall $[0, 1]$ mit einer Genauigkeit von $\epsilon = 10^{-5}$ mit Hilfe eines Unterprogrammes zur Berechnung von $f(x)$:

```
38 *LBL2 25 14 02      1.-05 STO0      065  76 LBL     1.-05    STO
39 RCL1    55 01    0.000000000 STO2   066  13  C                0
40 ENT↑       21    1.000000000 STO3   067  43 RCL     1.-05
41 COS     16 43                RAD    068  01  01     0. 00    STO
42 -          31                GSB1   069  42 STO               2
43 RTN     25 13    0.500000000 ***    070  03  03     0. 00
                    0.750000000 ***    071  61 GTO     1. 00    STO
                    0.625000000 ***    072  12  B               3
                    0.687500000 ***    073  76 LBL     1. 00
                    0.718750000 ***    074  81 RST
                    0.734375000 ***    075  43 RCL              RAD
                    0.742187500 ***    076  01  01
                    0.738281250 ***    077  91 R/S
                    0.740234375 ***    078  76 LBL     0.50000000
                    0.739257813 ***    079  14  D      0.75000000
                    0.738769532 ***    080  43 RCL     0.62500000
                    0.739013073 ***    081  01  01     0.68750000
                    0.739135742 ***    082  75  -      0.71875000
                    0.739074708 ***    083  39 COS     0.73437500
                    0.739105225 ***    084  95  =      0.74218750
                    0.739089967 ***    085  92 RTN     0.73828125
                    0.739082037 ***                    0.74023438
                                                       0.73925781
                                                       0.73876953
                                                       0.73901367
                                                       0.73913574
                                                       0.73907471
                                                       0.73910522
                                                       0.73908997
                                                       0.73908234
```

Abb. 8.3

2. Beispiel: Gesucht ist die Nullstelle von

$$f(x) = x - \frac{1}{x} - 1. \quad [31]$$

Wieder dient ein Unterprogramm zur wiederholten Berechnung von f(x):

```
44 *LBL2 25 14 02        089   76 LBL
45  RCL1    55 01        090   14  D
46  ENT↑       21        091   43 RCL
47   1/X    25 64        092   01  01
48   -         31        093   75  -
49   1         01        094   35 1/X
50   -         31        095   75  -
51  RTN     25 13        096   01  1
                         097   95  =
                         098   92 RTN


        1.-03 STO0       1. -03  STO
1.000000000 STO2                   0
3.000000000 STO3         1. -03
                         1.  00  STO
            GSB1                    2
2.000000000 ***          1.  00
1.500000000 ***          3.  00  STO
1.750000000 ***                    3
1.625000000 ***          3.  00
1.562500000 ***
1.593750000 ***          2.00000000
1.609375000 ***          1.50000000
1.617187500 ***          1.75000000
1.621093750 ***          1.62500000
1.619140625 ***          1.56250000
1.618164063 ***          1.59375000
                         1.60937500
                         1.61718750
                         1.62109375
                         1.61914063
                         1.61816406
```

Abb. 8.4

---

[31] Die Lösung dieser Gleichung ist das Verhältnis des Goldenen Schnittes $\left(x = 1 + \frac{1}{x}\right)$.

Beispiel 8.2. Nullstelle einer Funktion mittels Regula falsi

Wie im Beispiel 8.1 soll die Nullstelle einer Funktion näherungsweise berechnet werden. Anstatt jedoch im Intervall [a, b] den Mittelwert zu ermitteln, wird die Funktion in diesem Intervall durch eine Gerade ersetzt und deren Schnittpunkt mit der x-Achse als nächster Näherungswert für die Nullstelle genommen.

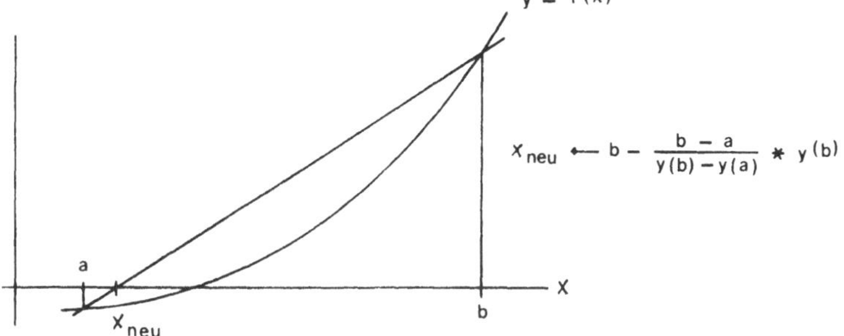

Abb. 8.5

Grobstruktogramm:

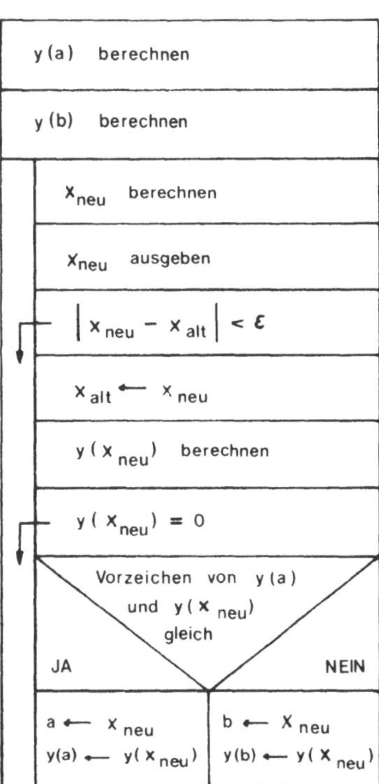

Abb. 8.6

Programm (Speichervergabe wie im Beispiel 8.1, zusätzlich mit S6 = y(b))

```
01 *LBL1 25 14 01        42 RCL4     55 04
02 RCL2     55 02        43 ST05     45 05
03 ST01     45 01        44 GT09     14 09
04 GSB2     13 02        45 *LBL8 25 14 08
05 ST05     45 05        46 RCL1     55 01
06 RCL3     55 03        47 ST03     45 03
07 ST01     45 01        48 RCL4     55 04
08 GSB2     13 02        49 ST06     45 06
09 ST06     45 06        50 GT09     14 09
10 *LBL9 25 14 09
11 RCL3     55 03
12 RCL2     55 02
13 -        31
14 RCL6     55 06
15 RCL5     55 05
16 -        31
17 ÷        61
18 RCL6     55 06
19 x        51
20 CHS      22
21 RCL3     55 03
22 +        41
23 PRTX     65
24 RCL1     55 01
25 X⇄Y      11
26 ST01     45 01
27 -        31
28 ABS      25 54
29 RCL0     55 00
30 X>Y?     16 41
31 R/S      64
32 GSB2     13 02
33 X=0?     25 61
34 R/S      64
35 ST04     45 04
36 RCL5     55 05
37 x        51
38 X<0?     25 31
39 GT08     14 08
40 RCL1     55 01
41 ST02     45 02
```

```
000 76 LBL       056 32 X⇄T
001 11  A        057 22 INV
002 43 RCL       058 77 GE
003 02  02       059 81 RST
004 42 STO       060 32 X⇄T
005 01  01       061 71 SBR
006 71 SBR       062 14  D
007 14  D        063 32 X⇄T
008 42 STO       064 00  0
009 05  05       065 32 X⇄T
010 43 RCL       066 67 EQ
011 03  03       067 81 RST
012 42 STO       068 42 STO
013 01  01       069 04  04
014 71 SBR       070 65  ×
015 14  D        071 43 RCL
016 42 STO       072 05  05
017 06  06       073 95  =
018 76 LBL       074 22 INV
019 12  B        075 77 GE
020 43 RCL       076 13  C
021 03  03       077 43 RCL
022 75  -        078 01  01
023 43 RCL       079 42 STO
024 02  02       080 02  02
025 95  =        081 43 RCL
026 55  ÷        082 04  04
027 53  (        083 42 STO
028 43 RCL       084 05  05
029 06  06       085 61 GTO
030 75  -        086 12  B
031 43 RCL       087 76 LBL
032 05  05       088 13  C
033 54  )        089 43 RCL
034 65  ×        090 01  01
035 43 RCL       091 42 STO
036 06  06       092 03  03
037 95  =        093 43 RCL
038 94 +/-       094 04  04
039 85  +        095 42 STO
040 43 RCL       096 06  06
041 03  03       097 61 GTO
042 95  =        098 12  B
043 99 PRT       099 76 LBL
044 66 PAU       100 81 RST
045 66 PAU       101 43 RCL
046 48 EXC       102 01  01
047 01  01       103 91 R/S
048 75  -        104 76 LBL
049 43 RCL       105 14  D
050 01  01       106 43 RCL
051 95  =        107 01  01
052 50 I×I       108 75  -
053 32 X⇄T       109 39 COS
054 43 RCL       110 95  =
055 00  00       111 92 RTN
```

Programm 8.2

Beispiel 1: cos x = x

```
      1.-05 STO0
0.000000000 ST02
1.000000000 ST03
            RAD
            GSB1
0.685073357 ***
0.736298998 ***
0.738945356 ***
0.739078131 ***
0.739084782 ***
```

```
   1. -05   STO
                0
   1. -05
   0.  00   STO
                2
   0.  00
   1.  00   STO
                3
   1.  00


                RAD
   0.68507336
   0.73629900
   0.73894536
   0.73907813
   0.73908478
```

Abb. 8.7

Beispiel 2: $x - \dfrac{1}{x} - 1 = 0$

```
      1.-03 STO0
1.000000000 ST02
3.000000000 ST03
            GSB1
1.750000000 ***
1.636363636 ***
1.620689655 ***
1.618421053 ***
1.618090452 ***
```

```
      1. -03   STO
                   0
   1.0000000-03
      1.  00   STO
                   2
   1.0000000 00
      3.  00   STO
                   3
   3.0000000 00

   1.75000000
   1.63636364
   1.62068966
   1.61842105
   1.61809045
```

Abb. 8.8

Ein Vergleich zwischen Bisektion und Regula falsi zeigt, daß letztere die gleiche Genauigkeit mit einer wesentlich geringeren Schrittanzahl erreicht.

Beispiel 8.3. Nullstelle einer Funktion mittels Newton-Verfahren

Kennt man die erste Ableitung der Funktion, deren Nullstelle gesucht wird, so empfiehlt sich die folgende Methode: Der neue Näherungswert wird berechnet, indem man die Tangente an der Stelle des alten Näherungswertes mit der x-Achse schneidet.

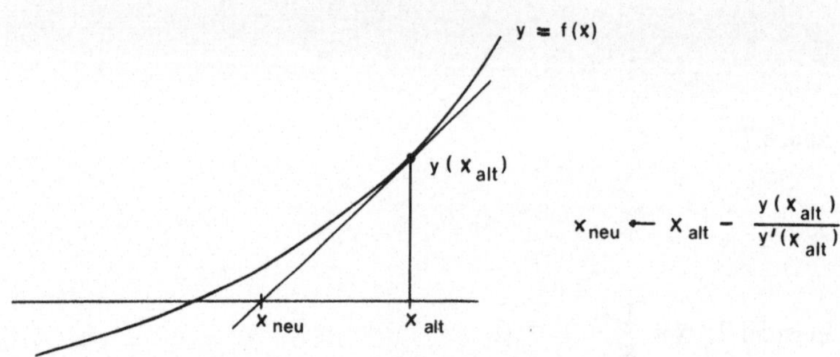

$$x_{neu} \leftarrow x_{alt} - \frac{y(x_{alt})}{y'(x_{alt})}$$

Abb. 8.9

Struktogramm:

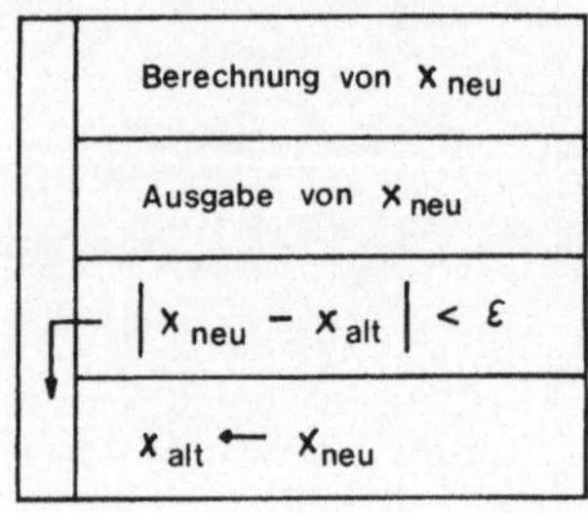

Abb. 8.10

Speicherzuordnung: S0 . . . ϵ
                              S1 . . . x

Programm:

```
01  *LBL1  25 14 01        000   76 LBL
02   STO1     45 01        001   11   A
03  *LBL9  25 14 09        002   42 STO
04   GSB2     13 02        003   01   01
05   GSB3     13 03        004   76 LBL
06    ÷          51        005   12   B
07   RCL1     55 01        006   71 SBR
08    -          31        007   14   D
09   CHS         22        008   55   ÷
10   PRTX        65        009   71 SBR
11   RCL1     55 01        010   15   E
12   X≠Y         11        011   75   -
13   STO1     45 01        012   43 RCL
14    -          31        013   01   01
15   ABS      25 54        014   95   =
16   RCL0     55 00        015   94  +/-
17   X≤Y?     16 31        016   99 PRT
18   GTO9     14 09        017   66 PAU
19    R/S        64        018   66 PAU
                          019   48 EXC
                          020   01   01
                          021   75   -
                          022   43 RCL
                          023   01   01
                          024   95   =
                          025   50 IxI
                          026   32 X:T
                          027   43 RCL
                          028   00   00
                          029   32 X:T
                          030   77 GE
                          031   12   B
                          032   43 RCL
                          033   01   01
                          034   91 R/S
```

Programm 8.3

Für die Beispiele sind jetzt je 2 Unterprogramme nötig: zur
Berechnung der Funktion selbst ($\boxed{\text{LBL}}\ \boxed{2}$) und zur Berechnung
der Ableitung ($\boxed{\text{LBL}}\ \boxed{3}$).

1. Beispiel: x = cos x, also $y = x - \cos x$
                               $y' = 1 + \sin x$

```
20 *LBL2 25 14 02        1.000000000 GSB1
21  RCL1     55 01       0.750363862  ***
22  ENT↑        21       0.739112891  ***
23  COS      16 43       0.739085133  ***
24   -          31       0.739085133  ***
25  RTN      25 13


26 *LBL3 25 14 03
27  RCL1     55 01
28  SIN      16 42
29   1          01
30   +          41
31  RTN      25 13
```

```
060   76 LBL        1.00000000
061   14  D         0.75036387
062   53  (         0.73911289
063   43 RCL        0.73908513
064   01  01        0.73908513
065   75  -
066   39 COS
067   54  )
068   92 RTN
069   76 LBL
070   15  E
071   53  (
072   43 RCL
073   01  01
074   38 SIN
075   85  +
076   01  1
077   54  )
078   92 RTN
```

Abb. 8.11

2. Beispiel: $\quad x = 1 + \dfrac{1}{x} \qquad y = x - \dfrac{1}{x} - 1$

$$y' = 1 + \frac{1}{x^2}$$

```
20 *LBL2 25 14 02            1.-03 STOP
21  RCL1     55 01       1.000000000 GSB1
22  ENT↑        21       1.500000000  ***
23  1/X      25 64       1.615384615  ***
24   -          31       1.618032787  ***
25   1          01       1.618033989  ***
26   -          31
27  RTN      25 13


28 *LBL3 25 14 03
29  RCL1     55 01
30  ENT↑        21
31   x          51
32  1/X      25 64
33   1          01
34   +          41
35  RTN      25 13
```

```
035   76 LBL        1.00000000
036   14  D         1.50000000
037   53  (         1.61538462
038   43 RCL        1.61803279
039   01  01        1.61803399
040   75  -
041   35 1/X
042   75  -
043   01  1
044   54  )
045   92 RTN
046   76 LBL
047   15  E
048   53  (
049   43 RCL
050   01  01
051   33 X²
052   35 1/X
053   85  +
054   01  1
055   54  )
056   92 RTN
```

Abb. 8.12

Im Vergleich zu den beiden anderen Verfahren (Beispiel 8.1 und 8.2) wird bei geringerer Schrittanzahl eine wesentlich höhere Genauigkeit erreicht.

Beispiel 8.4. Lösung einer Differentialgleichung

Eine gewöhnliche Differentialgleichung erster Ordnung der Form

$$y'(t) = f(t, y(t))$$

soll näherungsweise gelöst werden.

Gegeben ist der Anfangswert $y(t_0)$ und die Funktion f. Das Runge-Kutta-Verfahren berechnet aus dem Anfangswert $y(t_0)$ und der Ableitung $y'(t)$, den Funktionswert an der „Nachbarstelle" $y(t_0 + h)$.

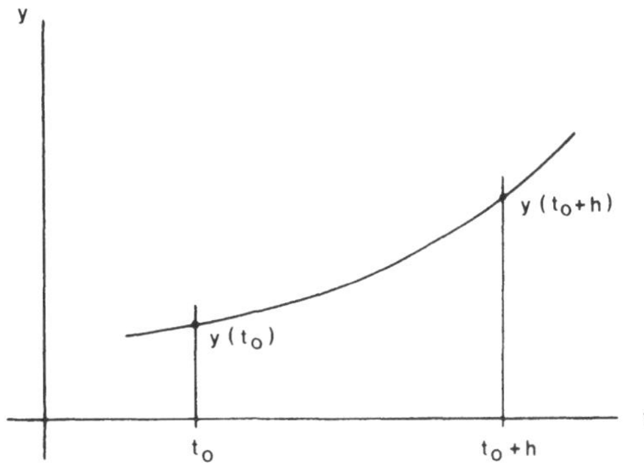

Abb. 8.13

Werden mehrere solche Schritte aneinandergereiht, so kann der Verlauf der gesuchten Funktion y(t) approximiert werden oder y an einer beliebigen Stelle t_n näherungsweise berechnet werden.

Grobstruktogramm:

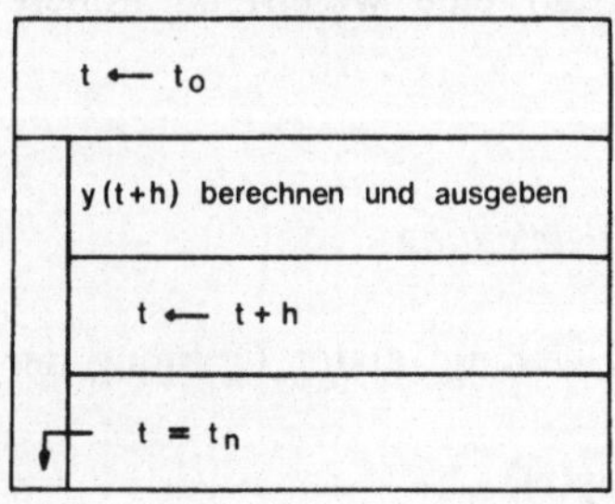

Abb. 8.14

Zur Berechnung von y(t + h) nach dem Runge-Kutta-Verfahren sind folgende Einzelschritte notwendig.

$$y_0 \leftarrow y(t)$$

$$f_0 \leftarrow f(t, y_0)$$

$$y_1 \leftarrow y_0 + \frac{h}{2} * f_0$$

$$f_1 \leftarrow f\left(t + \frac{h}{2}, y_1\right)$$

$$y_2 \leftarrow y_0 + \frac{h}{2} * f_1$$

$$f_2 \leftarrow f\left(t + \frac{h}{2}, y_2\right)$$

$$y_3 \leftarrow y_0 + h * f_2$$

$$f_3 \leftarrow f(t + h, y_3)$$

$$y(t + h) \leftarrow y(t) + \frac{h}{6} [f_0 + 2 f_1 + 2 f_2 + f_3]$$

Speicherzuordnung:

Speicherplatz S		Inhalt
0	. . .	Anzahl der Schritte n
1	. . .	t (Initialisierung mit t_0)
2	. . .	Hilfsspeicher (Initialisierung mit t_n)
3	. . .	y(t) (Initialisierung mit y_0)
4	. . .	y(t + h)
5	. . .	halbe Schrittweite $h \div 2$

$$h \leftarrow (t_n - t_0) \div n$$

Programm:

```
01 *LBL1 25 14 01      38 ST+1 45 41 01
02 RCL2    55 02       39 GSB0    13 00
03 RCL1    55 01       40 RCL4    55 04
04 -          31       41 +          41
05 RCL0    55 00       42 RCL5    55 05
06 ÷          61       43 x          51
07 2         02        44 3         03
08 ÷          61       45 ÷          61
09 ST05    45 05       46 RCL3    55 03
10 *LBL2 25 14 02      47 +          41
11 RCL3    55 03       48 PRTX       65
12 ST02    45 02       49 ST03    45 03
13 GSB0    13 00       50 DSZ     25 45
14 ST04    45 04       51 GT02    14 02
15 RCL5    55 05       52 R/S        64
16 x          51       53 *LBL0 25 14 00
17 ST+2 45 41 02       54 RCL2    55 02
18 RCL5    55 05       55 RTN     25 13
19 ST+1 45 41 01       56 R/S        64
20 GSB0    13 00
21 ST+4 45 41 04
22 ST+4 45 41 04
23 RCL5    55 05
24 x          51
25 RCL3    55 03
26 +          41
27 ST02    45 02
28 GSB0    13 00
29 2         02
30 x          51
31 ST+4 45 41 04
32 RCL5    55 05
33 x          51
34 RCL3    55 03
35 +          41
36 ST02    45 02
37 RCL5    55 05


000  76 LBL       050  02   02
001  11   A       051  71 SBR
002  43 RCL       052  14   D
003  02   02      053  65   x
004  75   -       054  02   2
005  43 RCL       055  95   =
006  01   01      056  44 SUM
007  95   =       057  04   04
008  55   ÷       058  65   x
009  43 RCL       059  43 RCL
010  00   00      060  05   05
011  55   ÷       061  85   +
012  02   2       062  43 RCL
013  95   =       063  03   03
014  42 STO       064  95   =
015  05   05      065  42 STO
016  76 LBL       066  02   02
017  12   B       067  43 RCL
018  43 RCL       068  05   05
019  03   03      069  44 SUM
020  42 STO       070  01   01
021  02   02      071  71 SBR
022  71 SBR       072  14   D
023  14   D       073  85   +
024  42 STO       074  43 RCL
025  04   04      075  04   04
026  65   x       076  95   =
027  43 RCL       077  65   x
028  05   05      078  43 RCL
029  95   =       079  05   05
030  44 SUM       080  55   ÷
031  02   02      081  03   3
032  43 RCL       082  85   +
033  05   05      083  43 RCL
034  44 SUM       084  03   03
035  01   01      085  95   =
036  71 SBR       086  99 PRT
037  14   D       087  66 PAU
038  44 SUM       088  42 STO
039  04   04      089  03   03
040  44 SUM       090  97 DSZ
041  04   04      091  00   00
042  65   x       092  12   B
043  43 RCL       093  91 R/S
044  05   05      094  76 LBL
045  85   +       095  14   D
046  43 RCL       096  43 RCL
047  03   03      097  02   02
048  95   =       098  92 RTN
049  42 STO
```

Programm 8.4

Die Funktion f wird als Unterprogramm (LBL 0) realisiert. Der Parameter t ist in S1, der Parameter y in S2 zu übergeben.

Beispiel: $y' = y$ mit $y_0 = 1$, $t_0 = 0$, $t_n = 1$
gesucht: $y(1)$

Der erste Versuch erfolgt mit 10 Schritten (alle Zwischenergebnisse wurden ausgedruckt):

```
10.00000000 STO0        1.491824240  ***       10.     STO      1.105170833
0.000000000 STO1        1.648720639  ***             0        1.221402571
1.000000000 STO2        1.822117963  ***       10.            1.349858497
1.000000000 STO3        2.013751628  ***        0.     STO       1.49182424
            GSB1        2.225539565  ***              1        1.648720639
1.105170833 ***         2.459601416  ***        0.             1.822117962
1.221402571 ***         2.718279747  ***        1.     STO     2.013751627
1.349858497 ***                                       2        2.225539563
                                                1.             2.459601414
                                                1.     STO     2.718279744
                                                      3
                                                1.
```

Abb. 8.15

Mit 50 Schritten (ohne Zwischenergebnisse) erhält man:

```
50.00000000 STO0        50.     STO          2.718281822
0.000000000 STO1              0
1.000000000 STO2        50.
1.000000000 STO3         0.     STO
            GSB1              1                      1.      ILNX
2.718281822 ***          0.             2.718281828
                         1.     STO
                              2
                         1.
1.000000000  e^x         1.     STO
2.718281828 ***               3
                         1.
```

Abb. 8.16

Da die Lösung der Differentialgleichung $y' = y$

$$y = e^t$$

lautet, ergibt sich als $y(1)$ natürlich e.

9. Technische Beispiele

Beispiel 9.1. Einspannmoment und -querkraft eines Kragträgers

Es soll ein Programm erstellt werden, das für beliebige Einzel- und Streckenlasten auf einem frei auskragenden Träger das Biegemoment M und die Querkraft Q errechnet.
Für Einzellasten gilt:

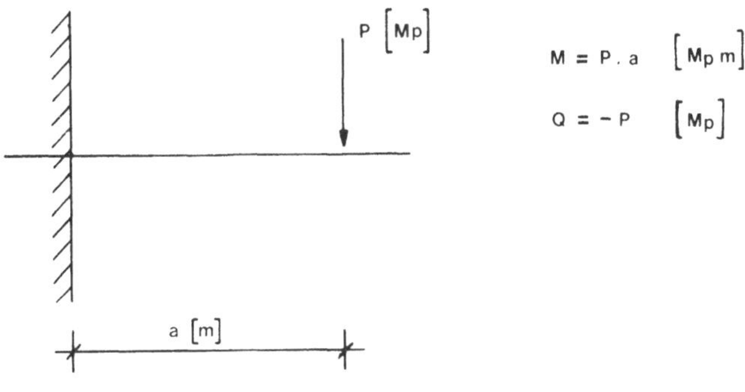

Abb. 9.1

Für Streckenlasten gilt:

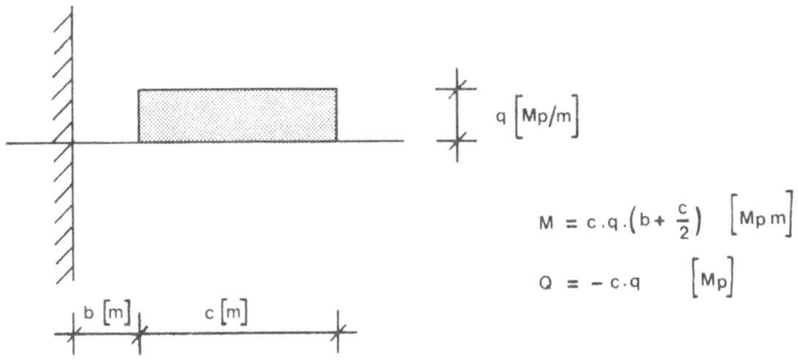

Abb. 9.2

Das Programm soll nach folgendem „Bedienungsanleitungs-Struktogramm" bedient werden können:

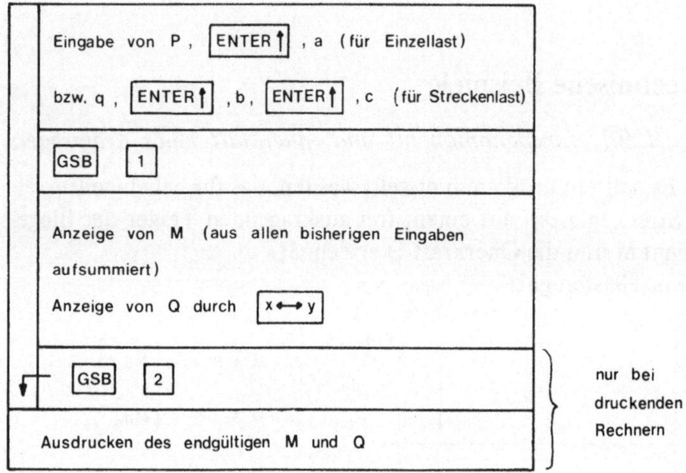

Abb. 9.3

Die Berechnung von M und Q erfolgt nach dem folgenden Grob-struktogramm:

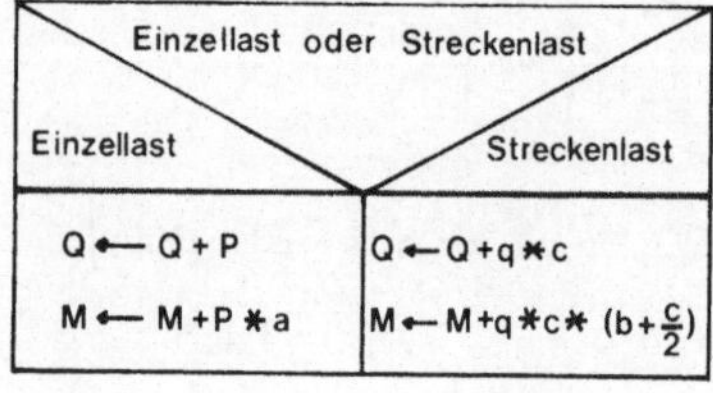

Abb. 9.4

Programm:

Nr.	Befehl	Code		Nr.	Befehl	Code		Nr.	Befehl	Code		Druck
01	*LBL0	25 14 00		000	76	LBL		046	04	04		3.
02	CLRG	16 23		001	16	A'		047	61	GTO		2.
03	CLX	24		002	25	CLR		048	14	D		6.
04	R/S	54		003	47	CMS		049	76	LBL		
05	*LBL1	25 14 01		004	91	R/S		050	15	E		4.
06	R↓	12		005	76	LBL		051	43	RCL		3.
07	R↓	12		006	11	A		052	01	01		2.
08	X≠Y?	16 51		007	99	PRT		053	65	×		38.
09	GTO5	14 05		008	32	X!T		054	43	RCL		
10	R↓	12		009	00	0		055	03	03		
11	R↓	12		010	42	STO		056	95	=		
12	ST+1	45 41 01		011	01	01		057	44	SUM		38. X!T
13	×	51		012	42	STO		058	05	05		11.
14	ST+2	45 41 02		013	02	02		059	65	×		
15	GTO6	14 06		014	42	STO		060	53	(		
16	*LBL5	25 14 05		015	03	03		061	43	RCL		
17	ST00	45 00		016	32	X!T		062	02	02		11.
18	R↓	12		017	42	STO		063	85	+		38.
19	R↓	12		018	01	01		064	43	RCL		
20	ST03	45 03		019	91	R/S		065	03	03		
21	R↓	12		020	42	STO		066	55	÷		
22	RCL0	55 00		021	02	02		067	02	2		
23	2	02		022	99	PRT		068	54	)		
24	÷	51		023	91	R/S		069	95	=		
25	+	41		024	42	STO		070	44	SUM		
26	RCL0	55 00		025	03	03		071	04	04		
27	×	51		026	99	PRT		072	76	LBL		
28	RCL3	55 03		027	91	R/S		073	14	D		
29	×	51		028	76	LBL		074	43	RCL		
30	ST+2	45 41 02		029	12	B		075	05	05		
31	RCL0	55 00		030	25	CLR		076	32	X!T		
32	RCL3	55 03		031	32	X!T		077	43	RCL		
33	×	51		032	43	RCL		078	04	04		
34	ST+1	45 41 01		033	03	03		079	99	PRT		
35	*LBL6	25 14 06		034	22	INV		080	98	ADV		
36	RCL1	55 01		035	67	EQ		081	91	R/S		
37	RCL2	55 02		036	15	E		082	76	LBL		
38	R/S	64		037	43	RCL		083	13	C		
39	*LBL2	25 14 02		038	01	01		084	43	RCL		
40	RCL1	55 01		039	44	SUM		085	04	04		
41	PRTX	65		040	05	05		086	99	PRT		
42	PCL2	55 02		041	65	×		087	43	RCL		
43	PRTX	65		042	43	RCL		088	05	05		
44	R/S	64		043	02	02		089	99	PRT		
				044	95	=		090	91	R/S		
				045	44	SUM						

Tastenfolge / Druck:

```
        GSB0
0.00 ENT↑
2.00 ENT↑
3.00
        GSB1
6.00  ***
2.00 ENT↑
3.00 ENT↑
4.00
        GSB1
38.00  ***
        X≷Y
11.00  ***
        Y≷Y
        GSB2
11.00  ***
38.00  ***
```

Programm 9.1

Das Programm unterscheidet zwischen Einzel- und Streckenlast durch Vergleich des Registers z auf Null.

Beispiel:

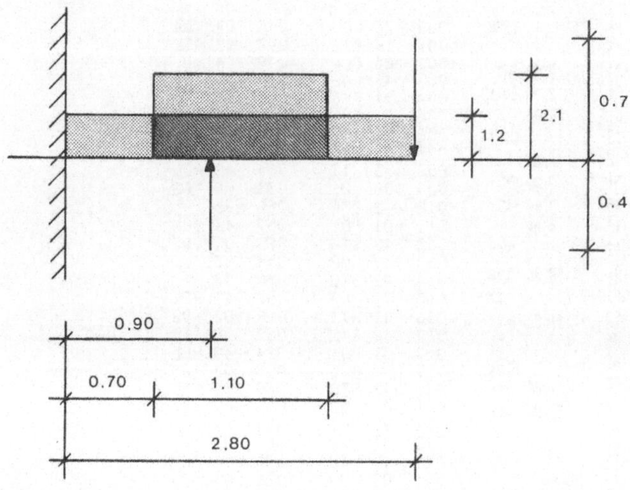

Abb. 9.5

Beispiel 9.2. Schwingkreis

In einem Labor gibt es Kondensatoren mit den Kapazitäten C_i und Spulen mit den Induktivitäten L_j. Es soll ein Parallelschwingkreis aus einem Kondensator und einer Spule gebaut werden, dessen Resonanzfrequenz f_0 einer vorgegebenen Frequenz f nahe kommt.

Für den Parallelschwingkreis

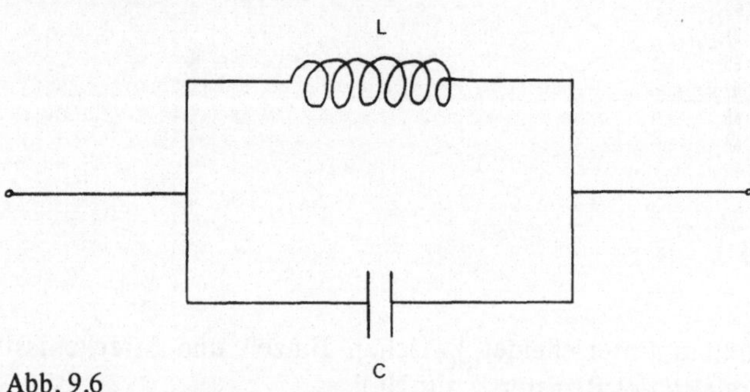

Abb. 9.6

ist die Resonanzfrequenz

$$f_0 = \frac{1}{2\,\pi\,\sqrt{L.C}}\,.$$

Das Programm soll die Resonanzfrequenz aller möglichen Kombinationen von Kondensatoren und Spulen berechnen und die günstigsten Werte ausdrucken.

Bedienungsanleitung:

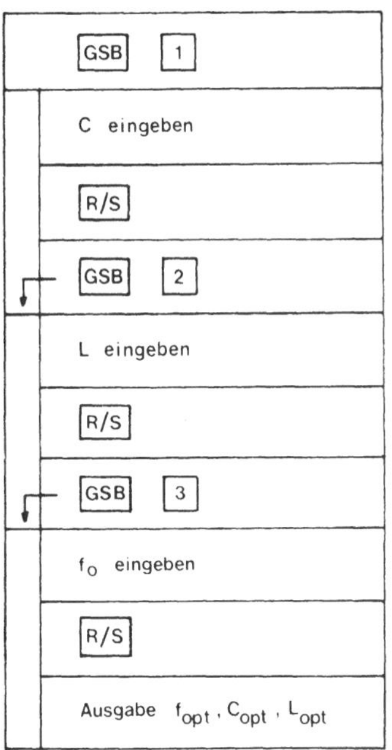

Abb. 9.7

Es sind maximal 20 Bauteile zulässig.
Die Zuordnung der Speicherplätze erfolgt nach folgender Tabelle:

Speicherplatz S		Inhalt
0	. . .	Index
1	. . .	Anzahl der Kondensatoren m
2	. . .	Anzahl der Spulen n
3	. . .	Resonanzfrequenz f
4	. . .	Nummer des günstigsten Kondensators i_{opt}
5	. . .	Nummer der günstigsten Spule j_{opt}
6	. . .	günstigste Resonanzfrequenz f_{opt}
7	. . .	Nummer des betrachteten Kondensators i
8	. . .	Nummer der betrachteten Spule j
9	. . .	Resonanzfrequenz des aus C_i und L_j gebildeten Schwingkreises $F(C_i, L_j)$
10 ⎫		
: ⎬		C_i für j = 1, . . ., m
.		L_j für j = 1, . . ., n
29 ⎭		

Abbildungsfunktion:

$$C_i \rightarrow S_{i+9} \quad i = 1, \ldots, m$$
$$L_j \rightarrow S_{j+9+m} \quad j = 1, \ldots, n$$

Struktogramm für die Eingabe der Kapazitäten C_i

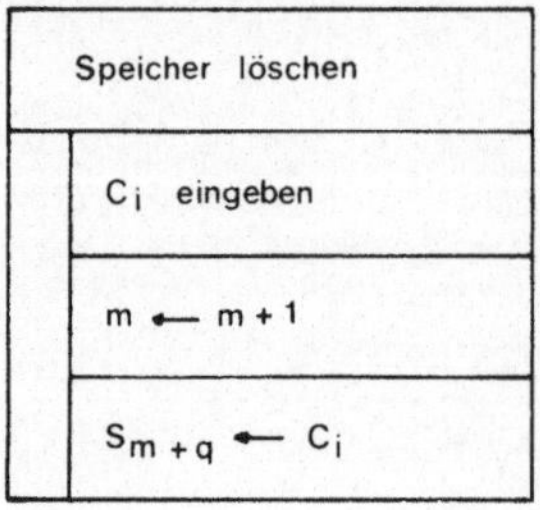

Speicher löschen

C_i eingeben

m ← m + 1

S_{m+q} ← C_i

Abb. 9.8

Struktogramm für die Eingabe der Induktivitäten L_j

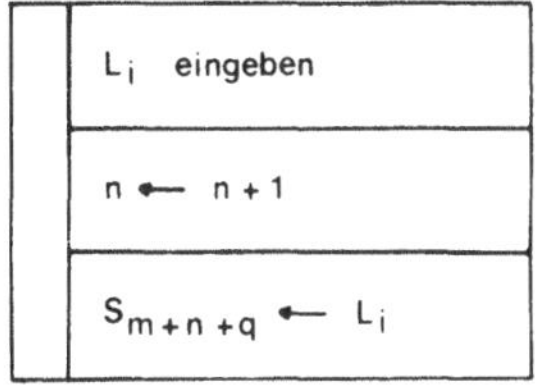

Abb. 9.9

Struktogramm für die Berechnung der günstigsten Bauteile

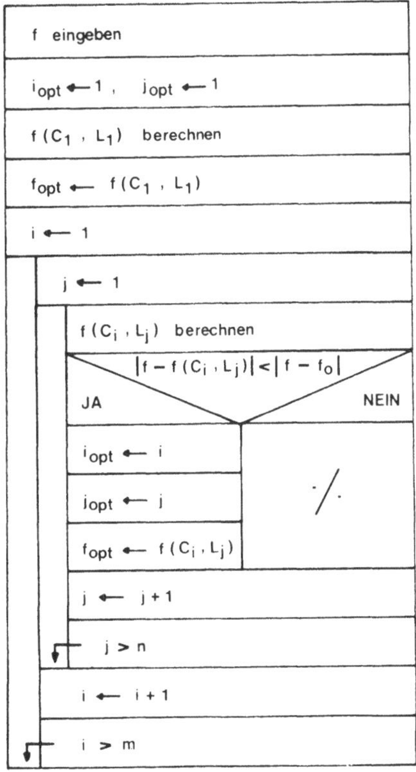

Abb. 9.10

Programm:

```
000   76 LBL          061   76 LBL          122   76 LBL              15.
001   11  A           062   14  D           123   10 E'
002   47 CMS          063   98 ADV          124   09  9
003   00  0           064   22 INV          125   44 SUM          2.3-05
004   42 STO          065   52 EE           126   07  07          1.5-05
005   01  01          066   01  1           127   85  +           5.8-05
006   42 STO          067   00  0           128   43 RCL          1.6-05
007   02  02          068   00  0           129   01  01          4.4-05
008   91 R/S          069   00  0           130   95  =
009   99 PRT          070   00  0           131   44 SUM
010   98 ADV          071   42 STO          132   08  08             55.
011   42 STO          072   00  00          133   73 RC*             12.
012   03  03          073   43 RCL          134   07  07             33.
013   91 R/S          074   01  01          135   65  ×              79.
014   76 LBL          075   42 STO          136   73 RC*             16.
015   12  B           076   07  07          137   08  08             43.
016   01  1           077   43 RCL          138   95  =
017   00  0           078   02  02          139   34 ΓX          3.65897604
018   42 STO          079   42 STO          140   65  ×          5.998377611
019   00  00          080   08  08          141   02  2          6.926329857
020   76 LBL          081   76 LBL          142   65  ×          9.947183943
021   16 A'           082   81 RST          143   89  Π          11.48601865
022   25 CLR          083   71 SBR          144   95  =          11.86270906
023   91 R/S          084   10 E'           145   35 1/X
024   99 PRT          085   43 RCL          146   42 STO
025   72 ST*          086   09  09          147   09  09              2.
026   00  00          087   75  -           148   09  9               2.
027   01  1           088   43 RCL          149   22 INV         11.86270906
028   44 SUM          089   03  03          150   44 SUM
029   00  00          090   95  =           151   07  07
030   44 SUM          091   50 I×I          152   85  +
031   01  01          092   32 X:T          153   43 RCL
032   61 GTO          093   43 RCL          154   01  01
033   16 A'           094   00  00          155   95  =
034   76 LBL          095   32 X:T          156   22 INV
035   13  C           096   22 INV          157   44 SUM
036   22 INV          097   77 GE           158   08  08
037   52 EE           098   69 OP           159   92 RTN
038   98 ADV          099   76 LBL          160   76 LBL
039   43 RCL          100   71 SBR          161   69 OP
040   01  01          101   97 DSZ          162   42 STO
041   85  +           102   08  08          163   00  00
042   01  1           103   81 RST          164   43 RCL
043   00  0           104   43 RCL          165   07  07
044   95  =           105   02  02          166   42 STO
045   42 STO          106   42 STO          167   04  04
046   00  00          107   08  08          168   43 RCL
047   76 LBL          108   97 DSZ          169   08  08
048   18 C'           109   07  07          170   42 STO
049   25 CLR          110   81 RST          171   05  05
050   91 R/S          111   98 ADV          172   43 RCL
051   99 PRT          112   43 RCL          173   09  09
052   72 ST*          113   04  04          174   42 STO
053   00  00          114   99 PRT          175   06  06
054   01  1           115   43 RCL          176   99 PRT
055   44 SUM          116   05  05          177   61 GTO
056   00  00          117   99 PRT          178   71 SBR
057   44 SUM          118   43 RCL
058   02  02          119   06  06
059   61 GTO          120   99 PRT
060   18 C'           121   91 R/S
```

Programm 9.2

Beispiel 9.3. Rydberg-Frequenz

Es sollen alle Frequenzen berechnet werden, die beim Sprung eines Elektrons von einer bestimmten Atomschale in äußere Schalen abgestrahlt werden können.

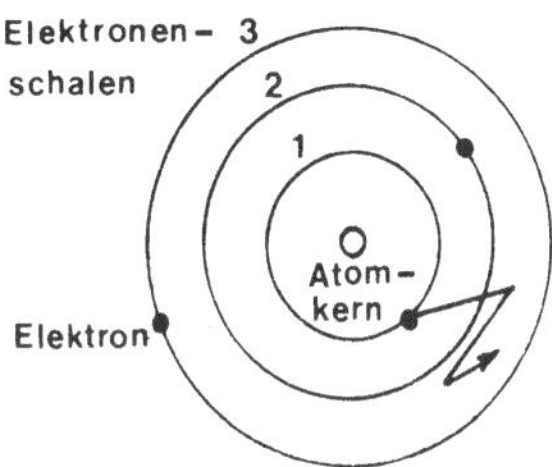

Abb. 9.11

Die Gesamtenergie eines Elektrons in der n-ten Schale ist

$$W_{ges} = -\frac{1}{n^2} \cdot \frac{e^4 \cdot m_0}{8\,h^2 \cdot \epsilon_0^2}$$

wobei

n	= 1, 2, 3, ...	Nummer der Schale
e	= $1.6021917 * 10^{-19}$ [C]	Elementarladung
m_0	= $9.109558 * 10^{-31}$ [kg]	Masse eines Elektrons
h	= $6.626195 * 10^{-34}$ [Js]	Plancksches Wirkungsquantum
ϵ_0	= $8.854 * 10^{-12}$	Influenzkonstante

Beim Sprung von der n-ten in die m-te Schale wird die freiwerdende Energie

$$\Delta w = \frac{e^4 \cdot m_0}{8\,h^2 \cdot \epsilon_0^2} \cdot \left(\frac{1}{n^2} - \frac{1}{m^2}\right)$$

in Form einer Strahlung der Frequenz f

$$\Delta w = h \cdot f$$

frei. Daraus kann die Frequenz zu

$$f = \frac{e^4 \cdot m_0}{8\,h^3 \cdot \epsilon_0^2} \cdot \left(\frac{1}{n^2} - \frac{1}{m^2}\right)$$

berechnet werden.

11 Schauer/Barta, Methoden der Programmierung

Die höchstmögliche Frequenz, die beim Sprung eines Elektrons aus der innersten Schale (n = 1) aus dem Atom entsteht (m = ∞), wird als Rydbergfrequenz bezeichnet. Es berechnet sich somit R zu

$$R = \frac{e^4 \cdot m_0}{8\,h^3 \cdot \epsilon_0^2} = 3.2898423*10^{15}\,[s^{-1}].$$

Um alle möglichen Frequenzen zu berechnen, muß n die Werte 1, 2, 3 . . ., 6 und m die Werte n + 1, . . ., 7 annehmen:

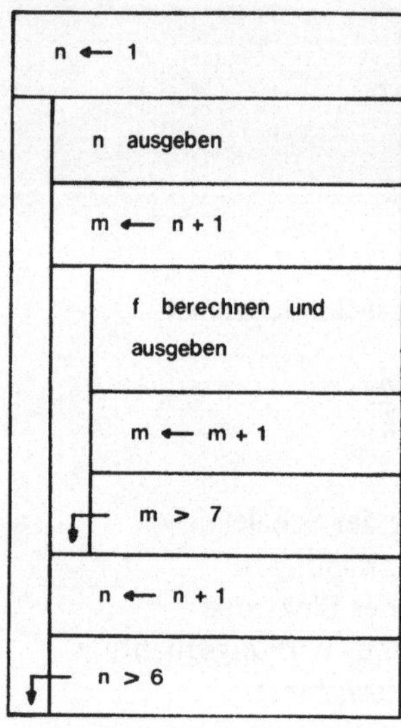

Abb. 9.12

Für das Programm wurde n = S1 und m = S2 angenommen:

01	*LBL1	25 14 01	13	STO2	45 02	25	8	08	37	ST+2	45 41 02
02	1	01	14	*LBL3	25 14 03	26	9	09	38	7	07
03	STO1	45 01	15	RCL1	55 01	27	8	08	39	RCL2	55 02
04	*LBL2	25 14 02	16	X²	25 53	28	4	04	40	X≤Y?	16 31
05	SPC	25 65	17	1/X	25 64	29	2	02	41	GTO3	14 03
06	FIX0	16 13 00	18	RCL2	55 02	30	3	03	42	1	01
07	RCL1	55 01	19	X²	25 53	31	EEX	23	43	ST+1	45 41 01
08	PRTX	65	20	1/X	25 64	32	1	01	44	6	06
09	ENG6	16 15 06	21	–	31	33	5	05	45	RCL1	55 01
10	SPC	25 65	22	3	03	34	×	51	46	X≤Y?	16 31
11	1	01	23	.	63	35	PRTX	65	47	GTO2	14 02
12	+	41	24	2	02	36	1	01	48	R/S	64

```
        1.  ***                   3.  ***                    5.  ***

2.467382+15 -***        159.9229+12  ***         40.20918+12  ***
2.924304+15  ***        233.9443+12  ***         64.45405+12  ***
3.084227+15  ***        274.1535+12  ***
3.158249+15  ***        298.3964+12  ***
3.198458+15  ***                                    6.  ***
3.222703+15  ***                4.  ***
                                                24.24487+12  ***
        2.  ***        74.02145+12  ***
                       114.2306+12  ***
456.9225+12  ***       138.4755+12  ***
616.8454+12  ***
690.8669+12  ***
731.0761+12  ***
755.3209+12  ***
```

```
000  76 LBL        040  02  2                  1.
001  11  A         041  08  8
002  01  1         042  09  9
003  42 STO        043  08  8          2.467382  15
004  01  01        044  04  4          2.924304  15
005  76 LBL        045  02  2          3.084227  15
006  12  B         046  03  3          3.158249  15
007  98 ADV        047  52 EE          3.198458  15
008  22 INV        048  01  1          3.222703  15
009  57 ENG        049  05  5
010  58 FIX        050  95  =                  2.
011  00  00        051  99 PRT
012  43 RCL        052  66 PAU          456.92254  12
013  01  01        053  01  1           616.84543  12
014  99 PRT        054  44 SUM          690.86688  12
015  66 PAU        055  02  02          731.07607  12
016  58 FIX        056  07  7           755.32094  12
017  06  06        057  32 X:T
018  57 ENG        058  43 RCL                 3.
019  98 ADV        059  02  02
020  85  +         060  32 X:T          159.92289  12
021  01  1         061  77  GE          233.94434  12
022  95  =         062  13  C           274.15353  12
023  42 STO        063  01  1           298.39839  12
024  02  02        064  44 SUM
025  76 LBL        065  01  01                 4.
026  13  C         066  06  6
027  43 RCL        067  32 X:T          74.021452  12
028  01  01        068  43 RCL          114.23064  12
029  33 X²         069  01  01          138.47550  12
030  35 1/X        070  32 X:T
031  75  -         071  77  GE                 5.
032  43 RCL        072  12  B
033  02  02        073  58 FIX          40.209184  12
034  33 X²         074  09  09          64.454053  12
035  35 1/X        075  22 INV
036  95  =         076  57 ENG                 6.
037  65  ×         077  91 R/S
038  03  3                             24.244870  12
039  93  .
```

Programm 9.3

11*

10. Beispiele aus dem kaufmännischen Bereich

Beispiel 10.1. Mehrwertsteuer von Einzelposten (gerundet)

Im kaufmännischen Bereich ist es üblich, bei Sammelbestellungen die Mehrwertsteuer jedem einzelnen Posten zuzuschlagen und die anschließend auf Groschen bzw. Pfennig gerundeten Preise aufzusummieren. Das Ergebnis weicht bei dieser Vorgangsweise natürlich von der exakten Summe (zuerst Addieren der Einzelpreise, dann MWSt und Runden) ab.

Ein Programm, das beliebige Steuersätze verarbeiten kann und nach dem folgenden Struktogramm zu bedienen ist,

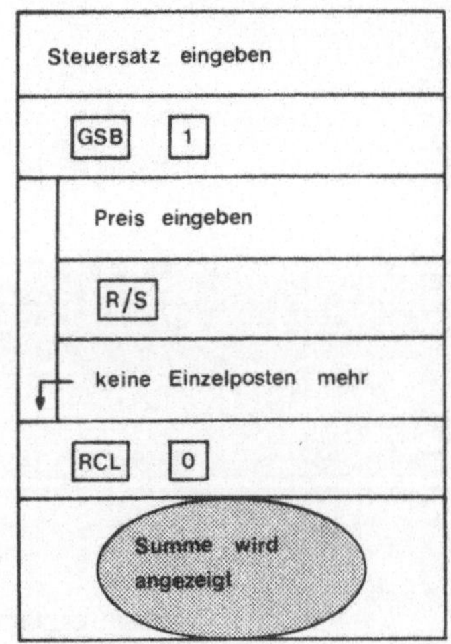

Abb. 10.1

müßte etwa den folgenden Aufbau haben:

<table>
<tr><td>Einzelpreis eintasten</td></tr>
<tr><td>Mehrwertsteuer berechnen
und addieren</td></tr>
<tr><td>Preis runden</td></tr>
<tr><td>Aufaddieren zur Gesamtsumme</td></tr>
</table>

Abb. 10.2

wobei „Preis runden" bedeutet:

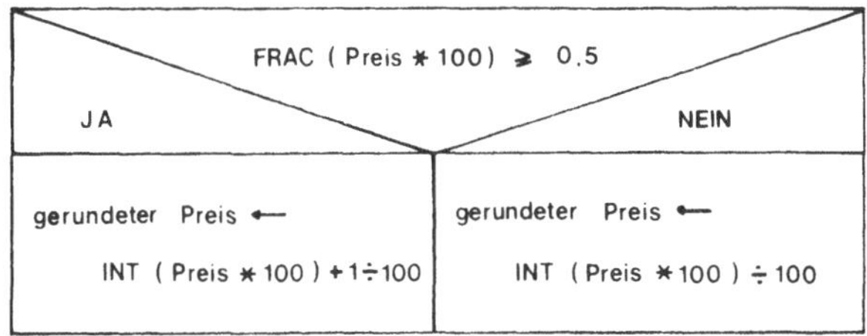

Abb. 10.3

Speichert man den Mehrwertsteuersatz in Zelle 1, so ergibt sich das folgende Programm.

```
01  *LBL1  25 14 01        16   X>Y?     16 41
02   CLRG     16 23        17   GTO3     14 03
03   ST01     45 01        18    1          01
04  *LBL2  25 14 02        19   ST+2  45 41 02
05    R/S        64        20  *LBL3  25 14 03
06   RCL1     55 01        21   RCL2     55 02
07    %       25 11        22    INT     16 52
08    +          41        23    1          01
09    1          01        24    0          00
10    0          00        25    0          00
11    0          00        26    ÷          61
12    x          51        27   PRTX        65
13   ST02     45 02        28   ST+0  45 41 00
14    .          63        29   GTO2     14 02
15    5          05        30    R/S        64
```

```
000  76 LBL      014  00  0       028  03  03      042  03  03
001  11  A       015  00  0       029  32 X:T      043  59 INT
002  47 CMS      016  85  +       030  93  .       044  55  ÷
003  42 STO      017  01  1       031  05  5       045  01  1
004  01  01      018  95  =       032  32 X:T      046  00  0
005  76 LBL      019  65  ×       033  22 INV      047  00  0
006  12  B       020  43 RCL      034  77  GE      048  95  =
007  91 R/S      021  02  02      035  13  C       049  99 PRT
008  42 STO      022  65  ×       036  01  1       050  44 SUM
009  02  02      023  01  1       037  44 SUM      051  00  00
010  43 RCL      024  00  0       038  03  03      052  61 GTO
011  01  01      025  00  0       039  76 LBL      053  12  B
012  55  ÷       026  95  =       040  13  C       054  91 R/S
013  01  1       027  42 STO      041  43 RCL
```

Programm 10.1

Ein Beispiel zum Ablauf des Programmes:

```
18.00 GSE1              18.
 1.50 R/S                1.5
 1.78 ***               1.78
                         2.1
 2.10 R/S               2.48
 2.48 ***                3.7
                        4.37
 3.70 R/S
 4.37 ***
       RCL0             4.37       RCL
                                     0
 8.63 ***               8.63
```

Abb. 10.4

und zum Unterschied davon das Ergebnis bei Mehrwertsteuer-
Aufschlag zur Summe der Einzelposten:

```
 1.50 ENT1               1.5
 2.10  +                 1.5        +
 3.70  +                 2.1        +
                         3.7        =
       ENT1              7.3
18.00  %                 7.3        ×
        +                1.18       =
                         8.614
 8.61 ***
```

Abb. 10.5

Beispiel 10.2. Kalkulation in einem Buchverlag (am Beispiel eines wissenschaftlichen Buches)

Der Ladenpreis eines Buches setzt sich zusammen aus:

Nettopreis
Buchhandelsspanne (in Prozent des Ladenpreises)
Autorenhonorar   ("   "   "   "   )
Mehrwertsteuer   ("   "   "   "   )

$$\text{Nettopreis} = \frac{\text{Gestehungskosten} + \text{Verlagskosten} + \text{Werbekosten}}{\text{Deckungsauflage}}$$

Die Gestehungskosten umfassen die jeweiligen Kosten für die gesamte Auflage wie: Satz-, Druck-, Papier- und Fixkosten. Zu den Fixkosten zählen z. B. Kosten für graphische Gestaltung, Zeichenarbeiten, Klischees für Abbildungen, Titelei, Umschlag etc.

Die Verlagskosten setzen sich zusammen aus: Sach- und Personalkosten, Mieten, Kosten für Pflichtexemplare, Kapitalverzinsung, Vertrieb etc.

Die einzelnen Kostenparameter sind entweder unabhängig von der Höhe der Auflage oder abhängig (wie z. B. Druck-, Papier- und Bindekosten).

Die Ausgaben des Verlages sind erst mit dem Verkauf der sogenannten Deckungsauflage beglichen. Ein allfälliger Verlagsgewinn entsteht durch den Verkauf der weiteren Exemplare. Das Verlagsrisiko liegt hauptsächlich darin, daß gegebenenfalls weniger Exemplare verkauft werden können als zur Erreichung der Deckung der Kosten notwendig wäre. Dann entsteht ein Verlust.

Das zu erstellende Programm soll nicht nur den Ladenpreis bei Eingabe aller Berechnungsgrundlagen errechnen, sondern es soll auch möglich sein, die Auswirkung einer Auflagenänderung oder einer Einsparung etwa bei den Fixkosten auf den Preis sofort feststellen zu können: kurz, nach Änderung irgendwelcher Eingabegrößen soll der neue Ladenpreis angezeigt werden.

Nimmt man die Zuordnung der Speicherplätze nach folgender Tabelle vor

Speicherplatz S	Inhalt	Wert (für das Beispiel)
0	Seitenanzahl	400
1	Deckungsauflage	1500
2	Druckauflage	2000
3	Satzkosten (inkl. Korrekturkosten)	300,– pro Seite
4	Druckkosten (inkl. Montage)	2.40 pro 16 Druckseiten (= 1 Bg.)
5	Papierkosten	0.48 pro 16 Druckseiten
6	Bindekosten (gebunden, Ganzleinen)	40,– pro Exemplar
	(broschiert)	15,– pro Exemplar
7	Fixkosten	25.000,–
8	Werbekosten	20% der Gestehungskosten
9	Verlagskosten	50% der Gestehungskosten
10	Buchhandelsspanne	20–40% des Ladenpreises
11	Autorenhonorar	10% des Ladenpreises
12	Bogenanzahl	
13	Gestehungskosten	
14	Nettopreis	
15	Ladenpreis	

so ergibt sich als Berechnungsvorschrift:

1)   siehe Abb. 10.6
2) $S13 \leftarrow S7 + S3 * S0 + [(S4 + S5) * S12 + S6] \times S2$
3) $S14 \leftarrow [S13 + (S8 + S9)\%] \div S1$
4) $S15 \leftarrow S14 - [1-(S10 + S11 + 8) \div 100]$

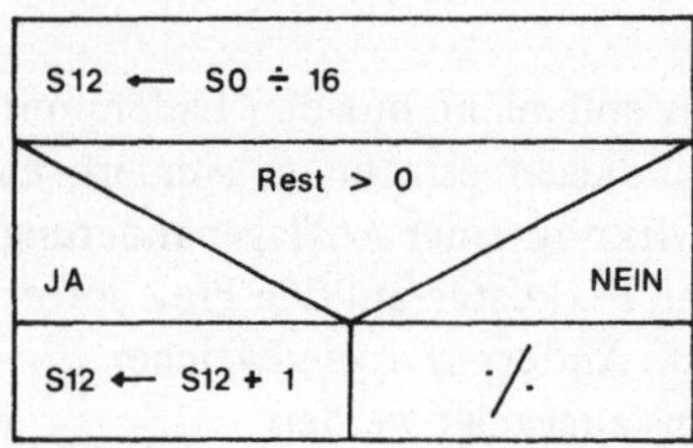

Abb. 10.6

Das Programm

```
01  *LBL0  25 14 00        50  ST.5      45 .5
02  RCL0      55 00        51  PRTX         65
03   1           01        52  R/S          64
04   6           06
05   ÷           61
06  ENT↑         21
07   INT      16 52
08  ST.2      45 .2
09  X≷Y          11
10  FRC      25 52
11  X≠0?     25 51
12   1           01
13  S+.2  45 41 .2
14  RCL4      55 04
15  RCL5      55 05
16   +           41
17  RC.2      55 .2
18   x           51
19  RCL6      55 06
20   +           41
21  RCL2      55 02
22   x           51
23  RCL3      55 03
24  RCL0      55 00
25   x           51
26   +           41
27  RCL7      55 07
28  ST.3      45 .3
29  RCL8      55 08
30  RCL9      55 09
31   +           41
32   %        25 11
33   +           41
34  RCL1      55 01
35   ÷           61
36  ST.4      45 .4
37   1           01
38  ENT↑         21
39  RC.0      55 .0
40  RC.1      55 .1
41   +           41
42   8           08
43   +           41
44   1           01
45   0           00
46   0           00
47   ÷           61
48   -           31
49   ÷           61
```

```
Daten:
   400.00 ST00
  1500.00 ST01
  2000.00 ST02
   300.00 ST03
     2.40 ST04
     0.48 ST05
    40.00 ST06
 25000.00 ST07
    20.00 ST08
    50.00 ST09
    30.00 ST.0
    10.00 ST.1

         GSB0
   804.23 ***   Ladenpreis
Kontrollausdruck:
         PREG

   400.00  0
  1500.00  1
  2000.00  2
   300.00  3
     2.40  4
     0.48  5
    40.00  6
 25000.00  7
    20.00  8
    50.00  9
    30.00 .0
    10.00 .1
    25.00 .2   Bogenanzahl
369000.00 .3   Gestehungskosten
   418.20 .4   Nettopreis
   804.23 .5   Ladenpreis
```

```
000   76 LBL        050   43 RCL
001   11  A         051   07  07
002   43 RCL        052   95  =
003   00  00        053   42 STO
004   55  ÷         054   13  13
005   01  1         055   43 RCL
006   06  6         056   08  08
007   95  =         057   85  +
008   65  ×         058   43 RCL
009   32 X:T        059   09  09
010   01  1         060   95  =
011   95  =         061   55  ÷
012   59 INT        062   01  1
013   42 STO        063   00  0
014   12  12        064   00  0
015   32 X:T        065   85  +
016   22 INV        066   01  1
017   59 INT        067   95  =
018   29 CP         068   65  ×
019   67 EQ         069   43 RCL
020   12  B         070   13  13
021   01  1         071   55  ÷
022   76 LBL        072   43 RCL
023   12  B         073   01  01
024   44 SUM        074   95  =
025   12  12        075   42 STO
026   43 RCL        076   14  14
027   12  12        077   55  ÷
028   65  ×         078   53  (
029   53  (         079   01  1
030   43 RCL        080   75  -
031   04  04        081   53  (
032   85  +         082   43 RCL
033   43 RCL        083   10  10
034   05  05        084   85  +
035   54  )         085   43 RCL
036   85  +         086   11  11
037   43 RCL        087   85  +
038   06  06        088   08  8
039   95  =         089   54  )
040   65  ×         090   55  ÷
041   43 RCL        091   01  1
042   02  02        092   00  0
043   85  +         093   00  0
044   43 RCL        094   54  )
045   00  00        095   95  =
046   65  ×         096   42 STO
047   43 RCL        097   15  15
048   03  03        098   99 PRT
049   85  +         099   91 R/S
```

Daten :

400.	STO 0
400.	
1500.	STO 1
1500.	
2000.	STO 2
2000.	
300.	STO 3
300.	
2.4	STO 4
2.4	
0.48	STO 5
0.48	
40.	STO 6
40.	
25000.	STO 7
25000.	
20.	STO 8
20.	
50.	STO 9
50.	
30.	STO 10
30.	
10.	STO 11
10.	
804.2307692	Ladenpreis

Kontrollausdruck :

400.	00	
1500.	01	
2000.	02	
300.	03	
2.4	04	
0.48	05	
40.	06	
25000.	07	
20.	08	
50.	09	
30.	10	
10.	11	
25.	12	Bogenanzahl
369000.	13	Gestehungskosten
418.2	14	Nettopreis
804.2307692	15	Ladenpreis

Programm 10.2

ist sehr einfach zu bedienen: Die Speicher S0 bis S11 werden mit entsprechenden Werten versorgt und [GSB] [0] gedrückt. Es erscheint der Ladenpreis auf der Anzeige. Will man nun irgendeinen der Parameter ändern, so gibt man den neuen Wert in den entsprechenden Speicherplatz ein und drückt wieder [GSB] [0] :

```
3000.00 ST01     Änderung  der Deckungsauflage        3000.        STO
                                                                     1
                                                       3000.


4000.00 ST02     - „-   - „- Druckauflage             4000.        STO
                                                                     2
                                                       4000.


        GSB0
646.22 ***       neuer  Ladenpreis                     646.2179487


5000.00 ST-7     Versuch, Fixkosten einzusparen        5000.        ISUM
                                                                     7
                                                       5000.


        GSB0
640.77 ***       neuer  Ladenpreis                     640.7692308
```

Abb. 10.7

Statt nach dem Ladenpreis kann man auch nach der Deckungsauflage fragen, wobei nunmehr der Ladenpreis vorgegeben wird. In diesem Fall ergibt sich aus der Beziehung

Gestehungskosten + Verlagskosten + Werbekosten =
= Nettopreis * Deckungsauflage

die Berechnungsvorschrift:

Deckungsauflage $\leftarrow$ [S13 + (S8 + S9) %] $-$ Nettopreis

```
54 *LBL1  25 14 01
55 RC.3   55 .3
56 RCL8   55 08
57 RCL9   55 09
58  +        41
59  %     25 11
60  +        41
61 X:Y       11
62  ÷        61
63 PRTX      65
64 R/S       64


   300.00 GSB1
  3332.00  ***
```

```
000  76  LBL
001  11   A
002  42  STD
003  00   00
004  43  RCL
005  08   08
006  85   +
007  43  RCL
008  09   09
009  95   =
010  55   ÷
011  01   1
012  00   0
013  00   0
014  85   +
015  01   1
016  95   =
017  65   ×
018  43  RCL
019  13   13
020  55   ÷
021  43  RCL
022  00   00
023  95   =
024  99  PRT
025  91  R/S



        300.
        3332.
```

Programm 10.3

11. Beispiele aus der Statistik

Beispiel 11.1. Klassentest

Es soll die relative Häufigkeit berechnet werden, mit der stochastisch verteilte Werte in jede einzelne einer Anzahl von Klassen fallen, deren Grenzen aneinander anschließen. Zu diesem Zweck wird ein Programm erstellt, das als Eingabewerte die Anzahl k solcher Klassen ($2 \leqslant k \leqslant 9$), $k-1$ Grenzwerte (steigend sortiert, sonst ERROR) und schließlich beliebig viele Meßwerte entgegennimmt.

Benutzeranleitung:

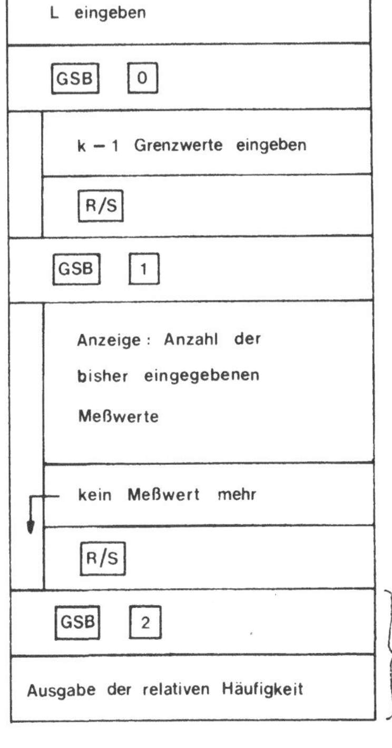

Abb. 11.1

Die Speicherplätze werden nach folgender Tabelle zugeordnet:

Speicherplatz	Inhalt	Abbildungsvorschrift
0	Index i	
1 ⎫ ⋮ ⎬	Grenzwerte g_i	$g_i \rightarrow S_i$ für i = 1 ... k−1
8 ⎭		
9 . . .	Klassenanzahl k	
10 . . .	Meßwertanzahl für i	
11 . . .	Hilfsspeicher für i	
12 ⎫ ⋮ ⎬	Anzahl n_i der Meßwerte in Klasse i	$n_i \rightarrow S_{i+12}$ für i = 0 ... k−1
20 ⎭		

Das Programm selbst gliedert sich in 3 Teile: Initialisierung (LBL 0), Eingabe der Meßwerte (LBL 1) und Ausgabe (LBL 2):

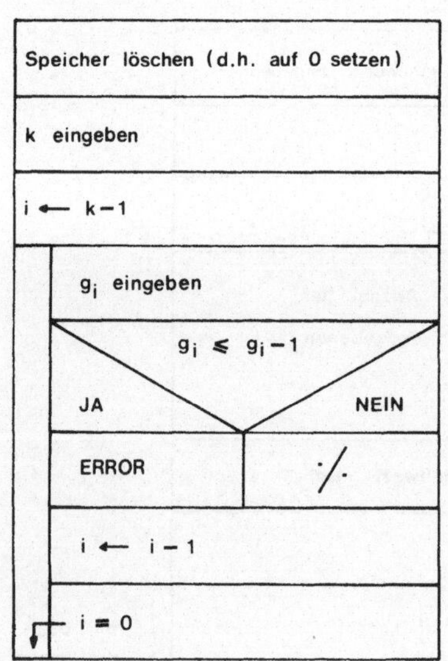

Abb. 11.2. Initialisierung

Falls mehr als $k-1$ Grenzwerte eingegeben werden, soll das Programm ebenfalls auf ERROR stehenbleiben und der überzählige Grenzwert nicht abgespeichert werden.

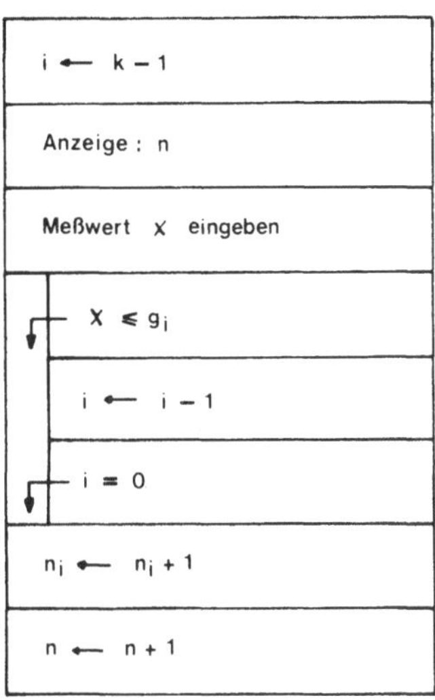

Abb. 11.3. Meßwerte eingeben und verarbeiten

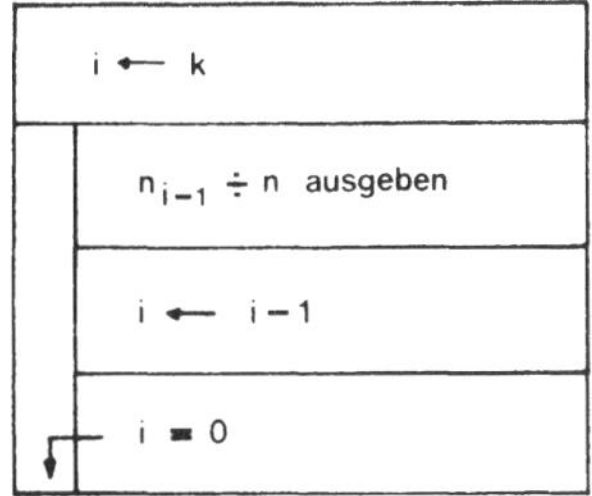

Abb. 11.4. Relative Häufigkeiten ausgeben (nur bei druckenden Rechnern)

```
01 *LBL0 25 14 00      39 *LBL2 25 14 02      000  76 LBL       051  76 LBL
02 CLRG     16 23      40 RCL9     55 09      001  11  A        052  18 C'
03 STO9     45 09      41 STO0     45 00      002  47 CMS       053  01  1
04 STO0     45 00      42 *LBL8 25 14 08      003  42 STO       054  02  2
05 DSZ      25 45      43 RCL0     55 00      004  09  09       055  44 SUM
06 CLX         24      44 ST.1     45 .1      005  42 STO       056  00  00
07 *LBL5 25 14 05      45 1           01      006  00  00       057  01  1
08 R/S         64      46 1           01      007  69 OP        058  74 SM*
09 X≠Y?    16 31      47 ST+0 45 41 00      008  30  30       059  00  00
10 GTO9     14 09      48 RCLi     55 12      009  25 CLR       060  44 SUM
11 STOi     45 12      49 RCLi     55 12      010  76 LBL       061  10  10
12 DSZ      25 45      50 RC.0     55 .0      011  10 E'        062  61 GTO
13 GTO5     14 05      51 ÷           61      012  32 X:T       063  12  B
14 R/S         64      52 PRTX        65      013  25 CLR       064  76 LBL
15 *LBL9 25 14 09      53 RC.1     55 .1      014  91 R/S       065  13  C
16 CLX         24      54 STO0     45 00      015  32 X:T       066  58 FIX
17 1/X      25 64      55 DSZ      25 45      016  77 GE        067  02  02
18 *LBL1 25 14 01      56 GTO8     14 08      017  16 A'        068  43 RCL
19 RCL9     55 09                             018  32 X:T       069  09  09
20 STO0     45 00                             019  72 ST*       070  42 STO
21 DSZ      25 45                             020  00  00       071  00  00
22 RC.0     55 .0                             021  97 DSZ       072  76 LBL
23 R/S         64                             022  00  00       073  19 D'
24 *LBL6 25 14 06                             023  10 E'        074  43 RCL
25 RCLi     55 12                             024  91 R/S       075  00  00
26 X≷Y         11                             025  76 LBL       076  42 STO
27 X≤Y?    16 31                             026  16 A'        077  11  11
28 GTO7     14 07                             027  25 CLR       078  01  1
29 DSZ      25 45                             028  35 1/X       079  01  1
30 GTO6     14 06                             029  91 R/S       080  44 SUM
31 *LBL7 25 14 07                             030  76 LBL       081  00  00
32 1           01                             031  12  B        082  73 RC*
33 2           02                             032  43 RCL       083  00  00
34 ST+0 45 41 00                             033  09  09       084  55  ÷
35 1           01                             034  42 STO       085  43 RCL
36 ST+i 45 41 12                             035  00  00       086  10  10
37 S+.0 45 41 .0                             036  69 OP        087  95  =
38 GTO1     14 01                             037  30  30       088  99 PRT
                                              038  43 RCL       089  66 PAU
                                              039  10  10       090  43 RCL
                                              040  91 R/S       091  11  11
                                              041  32 X:T       092  42 STO
                                              042  76 LBL       093  00  00
                                              043  17 B'        094  97 DSZ
                                              044  73 RC*       095  00  00
                                              045  00  00       096  19 D'
                                              046  77 GE        097  58 FIX
                                              047  18 C'        098  09  09
                                              048  97 DSZ       099  25 CLR
                                              049  00  00       100  91 R/S
                                              050  17 B'
```

Programm 11.1

Beispiel: 4 Altersklassen: jünger als 14 Jahre

14 . . . 21 Jahre

21 . . . 45 Jahre

älter als 45 Jahre

```
 4.00 GSB0            PREG              4.          0.      00
14.00 R/S                              14.         45.      01
21.00 R/S      0.00  0                 21.         21.      02
45.00 R/S     45.00  1                 45.         14.      03
      GSB1    21.00  2                             0.       04
32.00 R/S     14.00  3                             0.       05
27.00 R/S      0.00  4                             0.       06
55.00 R/S      0.00  5                 32.         0.       07
19.00 R/S      0.00  6                 27.         0.       08
26.00 R/S      0.00  7                 55.         4.       09
22.00 R/S      0.00  8                 19.         9.       10
17.00 R/S      4.00  9                 26.         1.       11
61.00 R/S      9.00  .0                22.         2.       12
21.00 R/S      1.00  .1                17.         4.       13
      GSB2     2.00  .2                61.         3.       14
 0.00 ***      4.00  .3                21.         0.       15
 0.33 ***      3.00  .4       0.00                 0.       16
 0.44 ***      0.00  .5       0.33                 0.       17
 0.22 ***                     0.44                 0.       18
                              0.22
```

Abb. 11.5

Der Versuch, nicht aufsteigend sortierte Klassengrenzen oder mehr
als k−1 Klassen einzugeben, scheitert:

```
 5.00 GSB0                        5.
14.00 R/S                        14.
21.00 R/S                        21.
50.00 R/S                        50.
35.00 R/S                        35.
      ERROR            9.999999 99


 5.00 GSB0                        5.
14.00 R/S                        14.
21.00 R/S                        21.
35.00 R/S                        35.
50.00 R/S                        50.
65.00 R/S                        65.
      ERROR            9.999999 99
```

Abb. 11.6

Beispiel 11.2. Klassentest mit Mittelwertberechnung

Die Aufgabenstellung wurde gegenüber dem Beispiel 11.1 etwas erweitert: nicht nur *ein* Wert zur Feststellung der Klassenzugehörigkeit, sondern ein *Wertepaar* (x, y) wird jeweils eingetastet: x legt die Klasse fest und y ist ein dazugehöriges Merkmal (z. B.: ein Funktionswert). Es soll der Mittelwert der Merkmale in jeder Klasse berechnet werden.

Speicherplatzordnung:

Speicherplatz S	Inhalt	Abbildungsvorschrift
0 . . .	Index i	
1		
.		
.	Grenzwerte g_i	$g_i \rightarrow S_i$ für i = 1 . . . k−1
.		
8		
9 . . .	Klassenanzahl k	
10 . . .	Anzahl n der Wertepaare	
11 . . .	Hilfsspeicher für i	
12 . . .	n_k	
13 . . .	$\Sigma\, y_k$	
14 . . .	n_{k-1}	$n_i \rightarrow S_{2i+12}$ für i = 0 . . . k−1
15 . . .	$\Sigma\, y_{k-1}$	
16 . . .	n_{k-2}	$\Sigma\, y_i \rightarrow S_{2i+13}$ für i = 0 . . . k−1
17 . . .	$\Sigma\, y_{k-2}$	

Man kann sich die Speicherung der Paare (Anzahl der Elemente in der Klasse, Summe der Merkmale in dieser Klasse) als rechteckige Matrix vorstellen:

n_1	n_2	· · ·	n_{k-1}	n_k
$\sum y_1$	$\sum y_2$	· · ·	$\sum y_{k-1}$	$\sum y_k$

Abb. 11.7

Diese Matrix muß mit Hilfe der Abbildungsfunktionen auf die (eindimensional hintereinanderfolgend vorstellbaren) Speicherplätze abgebildet werden:

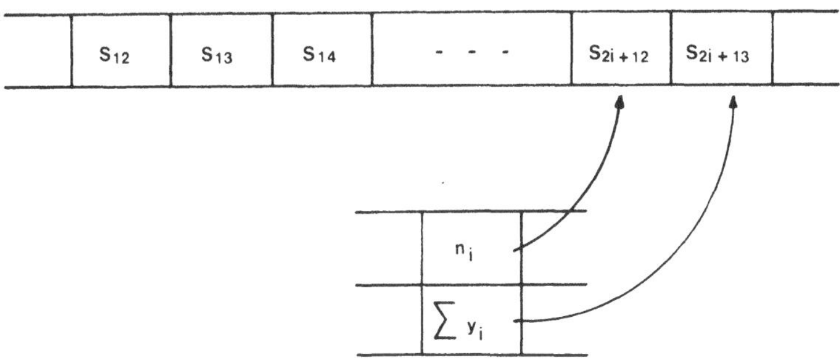

Abb. 11.8

Der Algorithmus, der dem Programm zugrunde liegt, ähnelt sehr dem Beispiel 11.1. Im Programmteil „Meßwerte eingeben und verarbeiten" werden Wertepaare (x, y) eingetastet und am Schluß wird die Summe der jeweiligen Klasse entsprechend um y erhöht. Der Programmteil „Ausgabe" kann durch das folgende Struktogramm beschrieben werden (Verhindern der Division durch Null !):

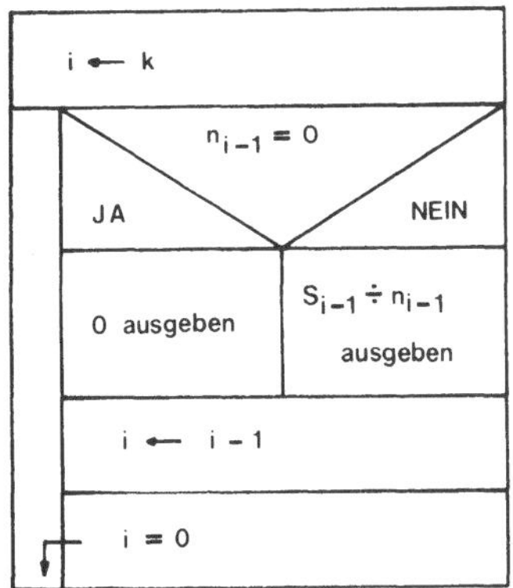

Abb. 11.9

12*

Programm

```
01 *LBL0 25 14 00      53 STx0 45 51 00      000  76 LBL       067  01  1
02 CLRG     16 23      54 1        01        001  11  A        068  74 SM*
03 STO9     45 09      55 0        00        002  47 CMS       069  00  00
04 STO0     45 00      56 ST+0 45 41 00      003  42 STO       070  44 SUM
05 DSZ      25 45      57 RCLi     55 12      004  09  09       071  10  10
06 CLX         24      58 ISZ      25 55      005  42 STO       072  61 GTO
07 *LBL5 25 14 05      59 RCLi     55 12      006  00  00       073  12  B
08 R/S         64      60 X≠0?     25 51      007  69 OP        074  76 LBL
09 X≤Y?     16 31      61 ÷           61      008  30  30       075  13  C
10 GTO9     14 09      62 PRTX        65      009  25 CLR       076  58 FIX
11 STOi     45 12      63 RC.1     55 .1      010  76 LBL       077  02  02
12 DSZ      25 45      64 STO0     45 00      011  10  E'       078  43 RCL
13 GTO5     14 05      65 DSZ      25 45      012  32  X:T      079  09  09
14 R/S         64      66 GTO8     14 08      013  25 CLR       080  42 STO
15 *LBL9 25 14 09                             014  91 R/S       081  00  00
16 CLX         24                             015  32  X:T      082  76 LBL
17 1/X      25 64                             016  77  GE       083  19  D'
18 *LBL1 25 14 01                             017  16  A'       084  43 RCL
19 RCL9     55 09                             018  32  X:T      085  00  00
20 STO0     45 00                             019  72 ST*       086  42 STO
21 DSZ      25 45                             020  00  00       087  11  11
22 RC.0     55 .0                             021  97 DSZ       088  02  2
23 R/S         64                             022  00  00       089  49 PRD
24 ST.1     45 .1                             023  10  E'       090  00  00
25 X≷Y         11                             024  91 R/S       091  01  1
26 *LBL6 25 14 06                             025  76 LBL       092  00  0
27 RCLi     55 12                             026  16  A'       093  44 SUM
28 X≷Y         11                             027  25 CLR       094  00  00
29 X≤Y?     16 31                             028  35 1/X       095  73 RC*
30 GTO7     14 07                             029  91 R/S       096  00  00
31 DSZ      25 45                             030  76 LBL       097  69 OP
32 GTO6     14 06                             031  12  B        098  20  20
33 *LBL7 25 14 07                             032  43 RCL       099  73 RC*
34 2          02                             033  09  09       100  00  00
35 STx0 45 51 00                             034  42 STO       101  29 CP
36 1          01                             035  00  00       102  67 EQ
37 2          02                             036  69 OP        103  15  E
38 ST+0 45 41 00                             037  30  30       104  69 OP
39 RC.1     55 .1                             038  43 RCL       105  30  30
40 ST+i 45 41 12                             039  10  10       106  55  ÷
41 ISZ      25 55                             040  91 R/S       107  73 RC*
42 1          01                             041  42 STO       108  00  00
43 ST+i 45 41 12                             042  11  11       109  95  =
44 S+.0 45 41 .0                             043  76 LBL       110  69 OP
45 GTO1     14 01                             044  17  B'       111  20  20
46 *LBL2 25 14 02                             045  73 RC*       112  35 1/X
47 RCL9     55 09                             046  00  00       113  76 LBL
48 STO0     45 00                             047  77  GE       114  15  E
49 *LBL8 25 14 08                             048  18  C'       115  99 PRT
50 RCL0     55 00                             049  97 DSZ       116  43 RCL
51 ST.1     45 .1                             050  00  00       117  11  11
52 2          02                             051  17  B'       118  42 STO
                                              052  76 LBL       119  00  00
                                              053  18  C'       120  97 DSZ
                                              054  02  2        121  00  00
                                              055  49 PRD       122  19  D'
                                              056  00  00       123  58 FIX
                                              057  01  1        124  09  09
                                              058  02  2        125  25 CLR
                                              059  44 SUM       126  91 R/S
                                              060  00  00
                                              061  43 RCL
                                              062  11  11
                                              063  74 SM*
                                              064  00  00
                                              065  69 OP
                                              066  20  20
```

Programm 11.2

Beispiel: Altersklassen (wie Beispiel 11.1)
Die Eingabe besteht jeweils aus dem Alter und dem Gewicht einer Person.
Ergebnis ist das Durchschnittsgewicht in jeder Altersklasse.

```
 4.00 GSB6           PREG            4.               32.    X≷T
14.00 R/S                           14.                0.
21.00 R/S          0.00   0         21.               21.    PRT
45.00 R/S         45.00   1         45.
      GSB1         21.00   2                           27.    X≷T
32.00 ENT↑        14.00   3         32.    X≷T         32.
62.00 R/S          0.00   4         21.                56.    PRT
27.00 ENT↑         0.00   5         62.
56.00 R/S          0.00   6
55.00 ENT↑         0.00   7                            0.     00
89.00 R/S          0.00   8         27.    X≷T         45.    01
19.00 ENT↑         4.00   9         32.                21.    02
68.00 R/S          9.00  .0         56.                14.    03
26.00 ENT↑         1.00  .1                            0.     04
57.00 R/S        183.00  .2         55.    X≷T         0.     05
22.00 ENT↑         2.00  .3         27.                0.     06
52.00 R/S        227.00  .4         89.    PRT         0.     07
17.00 ENT↑         4.00  .5                            0.     08
45.00 R/S        162.00  16         19.    X≷T         4.     09
61.00 ENT↑         3.00  17         55.                9.     10
94.00 R/S          0.00  18         68.    PRT         1.     11
21.00 ENT↑         0.00  19                          183.     12
49.00 R/S                           26.    X≷T         2.     13
      GSB2                           19.              227.     14
 0.00 ***                            57.    PRT        4.     15
54.00 ***                                            162.     16
56.75 ***                            22.    X≷T        3.     17
91.50 ***                            26.                0.     18
                                     52.    PRT        0.     19

                                     17.    X≷T
                                     22.
                                     45.    PRT

                                     61.    X≷T
                                     17.
                                     94.    PRT

                                     21.    X≷T
                                     61.
                                     49.    PRT

                                      0.00
                                     54.00
                                     56.75
                                     91.50
```

Abb. 11.10

Beispiel 11.3. Ausgleichsgerade

Durch eine Anzahl n von Punkten (x_i, y_i) der Ebene (z. B. Meßwerten) soll eine Gerade so gelegt werden, daß die Summe der Quadrate der Abstände der Punkte von der Geraden minimal wird.

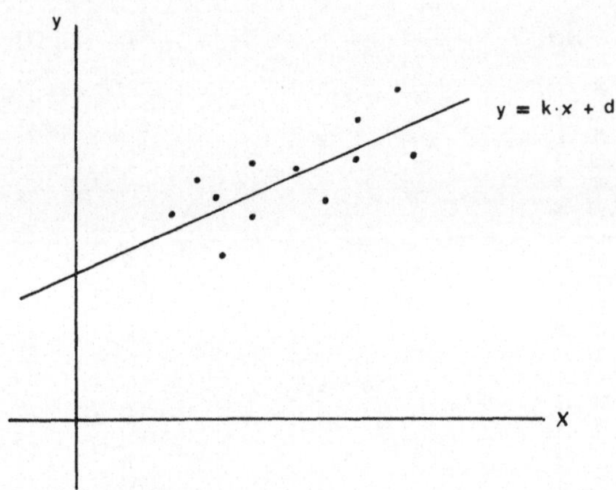

Abb. 11.11

Diese Extremwertsaufgabe liefert das Gleichungssystem

$$d * n + k * \Sigma\, x_i = \Sigma\, y_i$$
$$d * \Sigma\, x_i + k * \Sigma\, x_i^2 = \Sigma\, x_i y_i$$

mit der Lösung

$$k = \frac{\Sigma\, x_i * \Sigma\, y_i - n * \Sigma\, x_i y_i}{(\Sigma\, x_i)^2 - n * \Sigma\, x_i^2}$$

$$d = \frac{\Sigma\, y_i - k * \Sigma\, x_i}{n}.$$

Das Programm soll nach folgender Bedienungsanleitung verwendet werden können:

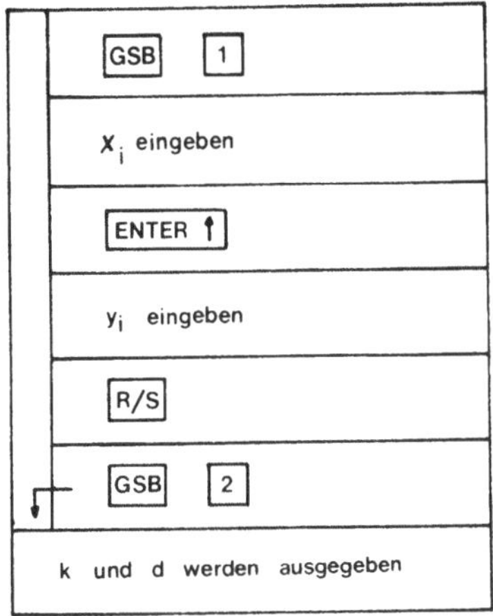

Abb. 11.12

Das Programm nützt die Möglichkeiten aus, die durch die „statistische Taste" $\boxed{\Sigma +}$ gegeben sind:

```
01 *LBL1 25 14 01      24 PRTX      65         000  76 LBL      037  99 PRT
02  CLΣ    16 24       25 RC.1   55 .1         001  11  A       038  66 PAU
03  CLX       24       26  x       51          002  47 CMS      039  66 PAU
04 *LBL9 25 14 09      27 RC.3   55 .3         003  25-CLR      040  65  x
05  R/S       64       28  X⇄Y     11          004  76 LBL      041  32 X⇄T
06  X⇄Y       11       29   -      31          005  13  C       042  43 RCL
07  Σ+        35       30 RC.0   55 .0         006  91 R/S      043  04  04
08  GTO9   14 09       31   ÷      61          007  78  Σ+      044  95   =
09 *LBL2 25 14 02      32 PRTX     65          008  61 GTO      045  94 +/-
10  RC.1   55 .1       33  R/S      64         009  13  C       046  85   +
11  RC.3   55 .3                                010  76 LBL      047  43 RCL
12   x       51                   GSB1         011  12  B       048  01  01
13  RC.0   55 .0             3.25 ENT↑         012  43 RCL      049  95   =
14  RC.5   55 .5             1.75  R/S         013  04  04      050  55   ÷
15   x       51              4.20 ENT↑         014  65   x      051  43 RCL
16   -       31              3.85  R/S         015  43 RCL      052  03  03
17  RC.1   55 .1             7.05 ENT↑         016  01  01      053  95   =
18  X²    25 53              5.35  R/S         017  75   -      054  99 PRT
19  RC.0   55 .0             9.85 ENT↑         018  43 RCL      055  91 R/S
20  RC.2   55 .2             7.50  R/S         019  03  03
21   x       51                   GSB2         020  65   x
22   -       31              0.79  ***         021  43 RCL                 3.25        X⇄T
23   ÷       61             -0.21  ***         022  06  06          -.0644739659
                                                023  95   =                 1.75
                                                024  55   ÷                  4.2        X⇄T
                                                025  53   (                 4.25
                                                026  43 RCL                 3.85
                                                027  04  04                 7.05        X⇄T
                                                028  33  X²                  5.2
                                                029  75   -                  5.2        PRT
                                                030  43 RCL                 5.35
                                                031  03  03                 9.85        X⇄T
                                                032  65   x                 8.05
                                                033  43 RCL                  7.5
                                                034  05  05
                                                035  54   )          .7916891022
                                                036  95   =         -.2069074096
```

Programm 11.3

Beispiel 11.4. Exponentieller Ausgleich

Die Meßgrößen x_i und y_i sollen einer Beziehung

$$y = a * e^{-bx}$$

genügen. Die Parameter a und b sollen näherungsweise bestimmt werden. Anstelle der Geraden von Beispiel 11.3 wird also jetzt eine Exponentialfunktion gesucht, so daß die Summe der Quadrate der Abstände der Meßpunkte von ihr minimal ist. Durch Logarithmieren obiger Beziehung erhält man

$$\ln y = \ln a - bx$$

und führt so den exponentiellen Ausgleich auf den linearen zurück. Anstelle von y_i wird $\ln y_i$ in die Formeln für den linearen Ausgleich eingesetzt. Aus den Ergebnissen k und d erhält man a und b durch

$$a = e^d \qquad (\text{wegen } \ln a = d)$$

und

$$b = -k.$$

Bedienungsanleitung und Struktogramm wie in Beispiel 11.4.

Programm:

```
01 *LBL1 25 14 01     000  76 LBL      049  85  +
02  CLΣ    16 24      001  11 A        050  43 RCL
03  CLX       24      002  47 CMS      051  01   01
04 *LBL9 25 14 09     003  25 CLR      052  95  =
05  R/S       64      004  76 LBL      053  55  ÷
06  LN     16 32      005  13 C        054  43 RCL
07  X⇄Y       11      006  91 R/S      055  03   03
08  Σ+        35      007  23 LNX      056  95  =
09  GTO9   14 09      008  78 Σ+       057  22 INV
10 *LBL2 25 14 02     009  61 GTO      058  23 LNX
11  RC.1   55 .1      010  13 C        059  99 PRT
12  RC.3   55 .3      011  76 LBL      060  91 R/S
13  x         51      012  12 B
14  RC.0   55 .0      013  43 RCL
15  RC.5   55 .5      014  04   04
16  x         51      015  65  ×
17  -         31      016  43 RCL
18  RC.1   55 .1      017  01   01
19  X²     25 53      018  75  -
20  RC.0   55 .0      019  43 RCL
21  RC.2   55 .2      020  03   03
22  x         51      021  65  ×
23  -         31      022  43 RCL
24  ÷         61      023  06   06
25  CHS       22      024  95  =
26  PRTX      65      025  55  ÷
27  CHS       22      026  53  (
28  RC.1   55 .1      027  43 RCL
29  x         51      028  04   04
30  RC.3   55 .3      029  33 X²
31  X⇄Y       11      030  75  -
32  -         31      031  43 RCL
33  RC.0   55 .0      032  03   03
34  ÷         61      033  65  ×
35  eˣ     25 32      034  43 RCL
36  PRTX      65      035  05   05
37  R/S       64      036  54  )
                      037  95  =
                      038  94 +/-
                      039  99 PRT
                      040  66 PAU
                      041  66 PAU
                      042  94 +/-
                      043  65  ×
                      044  32 X:T
                      045  43 RCL
                      046  04   04
                      047  95  =
                      048  94 +/-
```

Programm 11.4

Durch mehrmalige Messung der Dosisleistung eines radioaktiven **Beispiel**
Materials soll dessen Halbwertszeit bestimmt werden. (Die Dosisleistung nimmt exponentiell mit der Zeit ab; die Halbwertszeit ist
jene Zeit, nach der die Dosisleistung auf die Hälfte abgesunken
ist.)

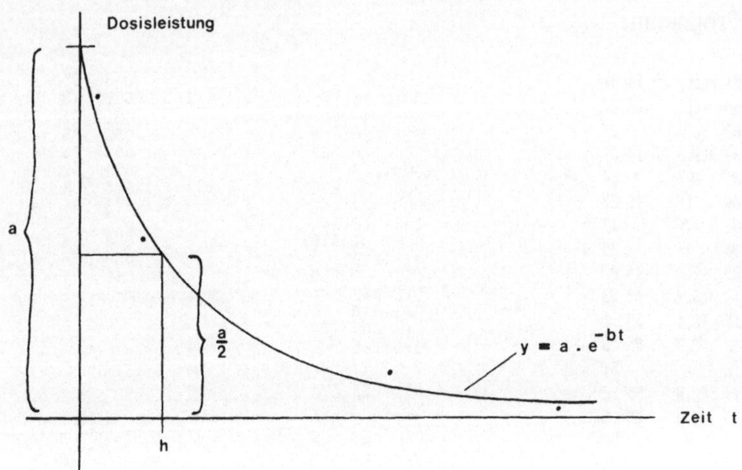

Abb. 11.13

Zur Halbwertszeit t = h gilt

$$y = a * e^{-bh} = \frac{a}{2} \quad \text{bzw.} \quad e^{-bh} = \frac{1}{2}$$

logarithmiert:

$$-bh = \ln \frac{1}{2}$$

und

$$h = \frac{\ln 2}{b} \, .$$

Die Messung der Dosisleistung von Thorium B ergab

nach Stunden	Dosisleistung (in Röntgen/sec)
1	625
6	450
24	145
48	30

Die Anwendung des Programmes ergibt:

```
      GSB1                    1.        X:T
                             0.
 1.00 ENT↑                 625.
625.00  R/S                  6.        X:T
 6.00 ENT↑                   2.
                           450.
450.00  R/S                 24.        X:T
24.00 ENT↑                   7.
                           145.
145.00  R/S                 48.        X:T
48.00 ENT↑                  25.
                            30.
30.00  R/S                   4.        FIX
      FIX5                              5
      GSB2                4.00000
0.06447  ***             0.06447
668.20393  ***         668.20393
                            2.         LNX
                     .6931471806
2.00000  LN          .6931471806        ÷
0.06447  ÷               0.06447         =
10.75147  ***          10.7514686
```

Abb. 11.14

Die Halbwertszeit von Thorium B beträgt demnach 10 3/4 Stunden
(der exakte Wert ist 10.6).

Sachverzeichnis